Die Funktion von Hypokausten und Tubuli in antiken römischen Bauten, insbesondere in Thermen

Erklärungen und Berechnungen

Hans-Christian Grassmann

BAR International Series 2309
2011

Published in 2016 by
BAR Publishing, Oxford

BAR International Series 2309

Die Funktion von Hypokausten und Tubuli in antiken römischen Bauten, insbesondere in Thermen

ISBN 978 1 4073 0892 0

© H-C Grassman and the Publisher 2011

The author's moral rights under the 1988 UK Copyright,
Designs and Patents Act are hereby expressly asserted.

All rights reserved. No part of this work may be copied, reproduced, stored,
sold, distributed, scanned, saved in any form of digital format or transmitted
in any form digitally, without the written permission of the Publisher.

BAR Publishing is the trading name of British Archaeological Reports (Oxford) Ltd.
British Archaeological Reports was first incorporated in 1974 to publish the BAR
Series, International and British. In 1992 Hadrian Books Ltd became part of the BAR
group. This volume was originally published by Archaeopress in conjunction with
British Archaeological Reports (Oxford) Ltd / Hadrian Books Ltd, the Series principal
publisher, in 2011. This present volume is published by BAR Publishing, 2016.

Printed in England

BAR titles are available from:

	BAR Publishing
	122 Banbury Rd, Oxford, OX2 7BP, UK
EMAIL	info@barpublishing.com
PHONE	+44 (0)1865 310431
FAX	+44 (0)1865 316916
	www.barpublishing.com

Inhaltsverzeichnis

Abbildungsnachweis	4
Abstract	5
Zu diesem Buch	6
Vorwort	7
I. Einleitung	7
II. Wesentliche Grundlagen aus antiken Quellen und modernen Forschungen	8
II.1 Vitruvius, De architectura libri decem	8
II.2 F. Kretschmer, Hypokausten (1953)	8
II.3 F. Kretschmer, Die Heizung der Aula Palatina in Trier (1955)	9
II.4 T. Rook, The Development and Operation of Hypokausted Baths (1975)	9
II.5 H. Hüser, Wärmetechnische Messungen an einer Hypokaustanlage in der Saalburg (1979)	10
II.6 E. Brödner, Die römischen Thermen und das antike Badewesen (1983)	11
II.7 Deutsche Industrienorm DIN 4701	11
II.8 A. Rieche & T. Rook, Fuel Trials in Xanten (1993)	11
II.9 H.-Chr.Grassmann, Wirkungsweise und Energieverbrauch antiker römischer Thermen ermittelt mit modernen wärmetechnischen Methoden für die Großen Thermen in Weißenburg (1994)	11
II.10 H.-Chr.Grassmann, Heizungstechnische Auswertung der Heizversuche vom Sommer 1993 und Winter 1993/94 in den rekonstruierten Herbergsthermen in Xanten (unveröffentlicht)	12
II.11 H.-Chr. Grassmann, Heizungstechnische Untersuchungen der Viehmarktthermen in Trier (unveröffentlicht)	12
III. Der Heizbetrieb in den rekonstruierten Herbergsthermen in Xanten	12
III.1 Das Heizsystem	12
III.2 Beschreibung der räumlichen Anordnung der Herbergsthermen	13
III.3 Betrieb der Thermen	13
IV. Die Messungen in den rekonstruierten Herbergsthermen in Xanten	15
IV.1 Messgeräte und Messanordnungen	15
IV.2 Aufbereitung der Messwerte	17
IV.3 Kontinuierliche Messungen	17
IV.4 Einzelmessungen	17
IV.5 Nicht gemessene Werte	17
V. Die Ergebnisse der Heizversuche in den Herbergsthermen in Xanten	17
V.1 Raumtemperaturen und Außentemperatur	18
V.2 Die relative Feuchte in den Räumen	19
V.3 Die Heizleistung für den Warmwasserkessel	19
V.4 Die Wasser-Erwärmung im Alveus	19
V.5 Der zeitliche CO_2-Verlauf in den Heizgasen	20
V.6 Die Gastemperaturen im Hypokaustum	21
V.7 Die Abgastemperaturen	23
V.8 Die Temperaturen auf den Wänden und in den Tubuli	23
V 9 Der Holzverbrauch	24
V.10 Fußboden- und Hypokausttemperatur	26
V.11 Die Beschickung des Feuers	28
V.12 Der Einfluss der Holzfeuchte	29
V.13 Die Energiebilanz	30
VI. Zusammenfassung der heizungstechnischen Untersuchungen	30
VII. Aufgabenstellung zur Klärung der Strömungsverhältnisse	32
VII.1 Wie Strömungen in den Tubulaturen entstehen	32
VII.2 Einfluss der seitlichen Öffnungen der Tubuli	32
VII.3 Einfluss der geometrischen Abmessungen der Tubulisteine	34
VII.4 Temperaturen und Wärmeleistungen	35
VIII. Allgemeine Berechnungen für Tubulaturen	36
VIII.1. Abmessungen der Tubuli zur Beheizung einer bestimmten Wandhöhe	36
VIII.2 Eintrittstemperatur in die Tubulatur	38
VIII.3 Temperaturdifferenz zwischen Ein- und Ausströmung in einem Tubulistrang	38
VIII.4 Von der Tubulatur in den Raum abgegebene Leistung	38
VIII.5 Effektiver Einfluss verschiedener Tubulus-Querschnitte	38
VIII.6 Effektiver Einfluss unterschiedlicher Querschnitte der seitlichen Tubulusöffnungen	38
VIII.7 Erkenntnisse über Tubulaturen unterschiedlicher Höhe	39
IX. Zusammenwirken von Hypokaustum und Tubulatur	39
X. Einfluss des Raumklimas auf das Wohlbefinden	40
XI. Zusammenfassung	42
Anhang I: Ergebnistabellen für die Tubuliberechnung und Klimaberechnung für die Therme Weißenburg	43
Anhang II: Das Rechenprogramm	49
1. Möglichkeiten des Rechenprogrammes	49

2. Ermittlung der Abmessungen und Wärmedurchgangswerte der Bauelemente   49
3. Ermittlung des Raumwärmebedarfes   50
4. Von Tubulatur und Hypokaustum nach außen abgegebene Wärmeleistung   51
5. Bestimmung der Eintrittstemperatur Tt1, Austrittstemperatur Tt2 und Gasgeschwindigkeit vtub in den Tubulisträngen   51
6. Temperatur Thr1 und Volumen Vheiz der in das Hypokaustum einfließenden Heizgase   52
7. Berechnung der Heizleistung Qges, der Abluftverluste Qabgas und des Wirkungsgrades Etasyst   52
8. Ermittlung des Brennholzbedarfes Gholz   52
9. Zusammenhang zwischen vom Feuer angesaugtem Luftvolumen Vluft und dem erforderlichen Heizvolumen Vheiz   52
10. Rechnerausdruck und weitere Rechnungsblätter für die Viehmarktthermen in Trier   52

Abbildungsnachweis

Archäologischer Park Xanten bzw. Verein Deutscher Ingenieure (VDI 3817):

Abb. 6, S. 13; Abb. 7, S. 14; Abb. 9, S. 15; Abb. 10, S. 16.

H. Hüser, Wärmetechnische Messungen an einer Hypokaustanlage in der Saalburg.
Saalburg Jahrbuch 36, 1979, 12-30:

Abb. 2, S. 9; Abb. 3, S. 10; Abb. 4, S. 10; Abb. 5, S. 11.

C. Ihle, Klimatechnik mit Kältetechnik.
Der Heizungsingenieur, Band 4, Dritte Auflage, Werner-Verlag, Düsseldorf 1996:

Abb. 36, S. 40; Abb. 37, S. 40.

F. Kretschmer, Hypokausten.
Saalburg Jahrbuch 12, 1953, 7-41:

Abb. 1, S. 8; Abb. 8, S. 14.

Alle anderen Abbildungen stammen vom Verfasser.

Für die freundlich gewährten Abdruckgenehmigungen dankt der Verfasser:

dem LVR-Archäologischer Park Xanten bzw. dem Verein Deutscher Ingenieure (VDI 3817),
dem Landesdenkmalamt Hessen, Abteilung Archäologie, und
dem Verlag Wolters Kluwer Deutschland, Verlagsgruppe Recht (Verlage Carl Heymanns, Luchterhand und Werner).

The Functioning of Hypocausts and Tubuli in Ancient Roman Buildings and Especially in Thermal Baths
Explanations and Calculations
Abstract

The author, an engineer and specialist for industrial heating systems, starts from his interest to learn the conditions of temperature in ancient buildings heated by the ancient type of central heating with hypocausts and tubuli warming floor and walls with gas coming from a fireplace outside the building, and the consumption of wood. He applies the technical processes and the related mathematical formulae used today for the caloric calculation of rooms and buildings. Information is taken from ancient literary sources, from the ruins and partial reconstructions of some Roman thermal baths in Germany, especially those at Weissenburg (Bavaria) and the so-called Viehmarktthermen at Trier, and from experiments that were done in 1952/3 and again in 1976 in a reconstructed bath-room at the well-known Roman fortress called Saalburg (near Frankfurt / Main) as described by Hüser in 1979. A special observation made by Hüser for the distribution of different temperatures in a wall heated by tubuli gives the author the decisive hint for developing his theory of the flow of gas in the tubuli and with it of the functioning of the ancient central heating altogether. So the author is able to establish a system of calculations that describes in a mathematical way the functioning of the ancient heating system with hypocausts and tubuli. The heating experiments carried out in 1992/3 in the reconstructed so-called Herbergsthermen in the archaeological park at Xanten (on the lower Rhine) by a group of engineers with historical interest and skill in cooperation with the Society of German Engineers (Verein Deutscher Ingenieure, VDI) produced a lot of mathematical data, that are applied by the author to check the relevance and correctness of his system of calculations and to improve it.

With this knowledge and his system of calculations the author calculates the conditions of temperature in rooms and buildings heated by the ancient heating system with hypocausts and tubuli and the consumption of wood under varying measures of the temperature inside and outside, of the tubuli both absolutely and in relation to the varying height and thickness of the wall and of the floor above the hypocausts (suspensura), and finally of the humidity of the wood used for the fire. To help to understand the author's mathematical processes the decisive steps of his calculation program are explained and tables containing numerical data of his calculations for the tubuli are added.

Zu diesem Buch

Dieses Buch hat eine längere Vorgeschichte: Als sein Verfasser Hans-Christian Grassmann, Diplom-Ingenieur der Fachrichtung Elektrotechnik, seine jahrzehntelange Tätigkeit in der Industriewärmetechnik altershalber beendete, fing er ein Studium unter anderem der Alten Geschichte an der Universität Erlangen-Nürnberg an. Eine Exkursion zu römischen Stätten in meinem letzten Erlanger Semester (Sommersemester 1992) führte auch in die Thermen von Weißenburg. In einem Gespräch über deren Bau- und Heiztechnik, in dem H.-C. G. mir bislang unbekannte Aspekte vortrug, schlug ich ihm schließlich halb im Scherz, halb im Ernst vor, sich mit dem Gegenstand zu befassen. H.-C. G. tat dies. Resultat war ein Aufsatz über die Weißenburger Thermen, der 1994 im renommierten „Jahrbuch des Römisch-Germanischen Zentralmuseums Mainz" veröffentlicht wurde. Diese Arbeit war mehr als die bloße heiztechnische Beschreibung einer römischen Badeanlage: Indem H.-C. G. sein physikalisches und wärmetechnisches Wissen einschließlich dessen Fassung in mathematischen Formeln auf die Weißenburger Thermen anwandte, erwies er bislang für sicher gehaltene Vorstellungen von der Funktionsweise der antiken Hypokaust-heizung als irrig und ersetzte sie durch eigene Annahmen, deren theoretische Fundierung sich abzeichnete. In der Folge seiner Veröffentlichung über die Weißenburger Thermen wurde H.-C. G. zu Tagungen eingeladen, mit Ausgrabungsbefunden römischer Thermen in Deutschland konfrontiert und um Stellungnahmen und Berichte gebeten.

Dies alles konnte freilich ein Problem nicht lösen: H.-C. G. arbeitete an archäologischem Material mit eindeutig nicht-archäologischer Methode. Von daher waren Missverständnisse vorprogrammiert. Sie ein für alle Mal zu beseitigen dürfte unmöglich sein; man kann aber die im eigenen Fach liegenden Grundlagen der eigenen Arbeit für die andere Seite detailliert darlegen und darauf hoffen, dass die andere Seite sich soviel Wissen aneignet, dass sie die Methode in ihren Grundzügen versteht und damit auch die Ergebnisse einzuschätzen in der Lage ist. Dieser Gedanke, hinter dem das Problem des gegenseitigen Missverstehens von Geistes- und Sozialwissenschaftlern auf der einen und Naturwissenschaftlern und Technikern auf der anderen Seite steht, veranlasste mich dazu, H.-C. G. vorzuschlagen, ein Buch wie das nun vorliegende zu schreiben. Diesem Buch kam überdies H.-C. G.s weitere Forschung am Gegenstand zugute: Er legt hier die nunmehr physikalisch-wärme-technisch fundierte Theorie der Funktionsweise antiker Hypokaustheizungen vor.

Leider kostete die Suche nach Veröffentlichungsmöglichkeiten zunächst in Deutschland sehr viel Zeit und erbrachte letztlich nicht das gewünschte Resultat. Umso mehr erfreut mich die positive Reaktion der Herausgeber der „British Archaeological Reports – International Series": Ihnen, in erster Linie David Davison, sei herzlicher Dank gesagt; denn durch ihre Zusage und weiter durch ihre Hilfe bei der Vorbereitung der Veröffentlichung ist sicher gestellt, dass das von Hans-Christian Grassmann erarbeitete grundsätzliche Wissen um die Funktionsweise der antiken Hypokaustheizung der heutigen genauso wie künftigen Generationen von Archäologen, Althistorikern und weiteren Interessenten zur Verfügung steht.

Bei der Einrichtung des Manuskriptes zum Druck hat stud. phil. Jan Köster Entscheidendes geleistet. Ihm sei, auch im Namen des Verfassers, gedankt.

Halle, im Februar 2011
Prof. Dr. Andreas Mehl
(Universität Halle-Wittenberg, Institut für Altertumswissenschaften, Professur für Alte Geschichte)

Vorwort

Nach der Abiturprüfung an einem humanistischen Gymnasium studierte ich nach dem Krieg an der Technischen Hochschule Dresden Elektrotechnik mit Fachrichtung Hochfrequenztechnik. Während des Studiums war ich zeitweise als akademische Hilfskraft im Institut für Elektrowärme der TH tätig. 1952 siedelte ich aus der DDR in die Bundesrepublik Deutschland nach Erlangen über. In einem Großbetrieb war ich für Entwicklung, Fertigung und Vertrieb von speziellen Elektrowärmeanlagen für die Industrie verantwortlich. Da ich mich schon als Schüler sehr für die Kultur des römischen Weltreiches begeistert habe, entschloss ich mich nach meiner Pensionierung meine Kenntnisse auf diesem Gebiet zu vertiefen. Daher schrieb ich mich als Gaststudent für das Fach „Alte Geschichte" an der Friedrich-Alexander-Universität in Erlangen ein. Im Rahmen einer Exkursion im Jahr 1992 unter der Leitung von Herrn Professor Andreas Mehl wurden die großen Römischen Thermen in Weißenburg/Bayern besucht. Dabei stellten sich die Fragen: Welche Temperaturen herrschten in den einzelnen Räumen? Wie groß war das Gasvolumen der Heizgase, die aus den Präfurnien in die Hypokausten strömten und wie hoch war der Brennstoffbedarf? Auf diese Fragen waren keine Antworten zu erhalten.

Im Rahmen einer Diskussion kam dann der Gedanke auf, dass bei genügenden Angaben über die geometrischen Abmessungen der Thermen, sowie der verwendeten Baumaterialien eine Wärmeberechnung möglich sein müsse. Ich bekam dann die Idee, diese Arbeit anzugehen. Dazu wurden beim Bayerischen Landesamt für Denkmalpflege aus den umfangreichen Grabungsunterlagen für die Weißenburger Thermen die notwendigen Angaben beschafft. Mit einem selbst erstellten Computer-Programm erfolgten Berechnungen, bei denen zirkulierende Strömungsverhäl-tnisse in den Tubulaturen angenommen wurden. Diese Arbeiten, die in einer veröffentlichten Studie ihren Nieder-schlag fanden, wurden von Herrn Professor Mehl, der mittlerweile an der Martin-Luther-Universität Halle-Wittenberg lehrte, in dankenswerter Weise betreut.

Für die 1993/94 erfolgten Heizversuche in Xanten durch den Verein Deutscher Ingenieure (VDI) übernahm ich die heizungstechnischen Ausarbeitungen, die hier erstmals dargestellt werden. Aus personellen Gründen des VDI erfolgte seinerzeit die geplante Veröffentlichung der Heizversuche nicht. Weitere Untersuchungen und Wärmeberechnungen fanden im Jahr 2000 für die „Viehmarkt Thermen" in Trier statt.

Im Jahr 2002 wurden in Zusammenarbeit mit dem Landesamt für Denkmalpflege Baden-Württemberg Untersuchungen und Klima-Berechnungen für die Therme in Badenweiler vorgenommen, deren Räume nur durch die Oberfläche der mit heißem Thermalwasser gespeisten Badebecken erwärmt wurden. Diese Untersuchungen wurden anlässlich eines Colloquiums von mir in Badenweiler vorgetragen.

Durch die theoretischen Arbeiten zu verschiedenen Thermen und den Vergleich mit den Ergebnissen von Heizversuchen konnten die Berechnungsverfahren immer mehr verfeinert werden. Andererseits bringt die sich über viele Jahre erstreckende Arbeit am Gegenstand es mit sich, dass Abbildungen und Tabellen in unterschiedlichen Programmen erstellt worden sind und damit auch eine unterschiedliche graphische Gestaltung erhalten haben.

Herrn Professor Mehl gilt mein besonders herzlicher Dank, da er mir immer wieder und besonders für diese Arbeit wichtige Hinweise und wesentliche Ratschläge gegeben hat.

Baiersdorf-Igelsdorf, im Februar 2011
Hans-Christian Grassmann

I. Einleitung

Zahlreiche römische Gebäude wurden durch Warmluft beheizt, die zwischen doppelten Böden (Hypokausten) und in Röhren strömte, die auf der Innenseite von Wänden hoch gezogen waren (Tubulaturen). Meist von außen beschickte Feuerstellen führten ihre heißen Verbrennungsgase in das Hypokaustum. In großem Umfang wurde dieses Heizsystem in Thermen verwendet. Der Besuch der mit verschieden warmen Bereichen ausgestatteten Bäder war ein wesentlicher Bestandteil des römischen Gesellschaftslebens. Thermen wurden im gesamten römischen Weltreich errichtet, sowohl in den warmen Zonen Nordafrikas, als auch in den klimatisch viel kälteren Regionen nördlich der Alpen. Es ist daher anzunehmen, dass der Bemessung und dem Bau der einzelnen Heizungen ein einfaches leicht zu reproduzierendes Prinzip zugrunde liegen musste. Dieses Prinzip beruhte nicht auf theoretischen Erkenntnissen und erst recht nicht auf Berechnungen, sondern war durch praktische Erfahrungen unter Misserfolgen und Verbesserungen gewonnen worden. Bei der im Sommer 1992 erfolgten Exkursion des Lehrstuhls für Alte Geschichte der Friedrich-Alexander-Universität Erlangen unter der Leitung des damaligen Lehrstuhlinhabers Professor Andreas Mehl wurden die gut erhaltenen und für das Publikum hergerichteten Ruinen der römischen Thermen in Weißenburg/Bay. Besichtigt. Hypokausten und Ansätze von Tubulaturen an den Wänden waren gut zu erkennen. Auch die wahrscheinliche Funktion der einzelnen Räume war angegeben. Exkursionsteilnehmer fragten, welche Temperaturen und Strömungs-geschwindigkeiten wohl in den von den Heizgasen durchströmten Bauteilen der einzelnen Räume herrschten und wie viel Brennholz zur Beheizung erforderlich war. Diese Fragen konnten nicht an Ort und Stelle beantwortet werden. Das lag insbesondere daran, dass es keine befriedigende Erklärung für die Strömungsverhältnisse in den Tubulaturen und Hypokausten gab. Es mussten aber Strömungen in dem System aufgetreten sein. Dies war für die Funktion dieser Art von Heizung entscheidend. Es ist nun das Ziel der vorliegenden Studie, die Strömungsverhältnisse zu klären und sie berechenbar zu machen. Damit wird eine allgemein gültige Grundlage für die Berechnung der benötigten Wärmezufuhr in römischen Thermen gegeben sein. Daraus kann ebenfalls der Brennstoffverbrauch berechnet werden. Zur Gewinnung der angestrebten Ergebnisse wurden Berichte über Heizversuche bei rekonstruierten antiken Thermen und auch theoretische Überlegungen Dritter ausgewertet. In den entsprechenden Literaturangaben werden besonders in den Tubulisträngen der beheizten Wände Strömungen vorausgesetzt, über deren Verlauf aber keine Aussagen erfolgen. Ausführliche und gut dokumentierte Heizversuche durch Hüser an einer Hypokaustanlage in der Saalburg/Taunus ermöglichten, weitergehende Vorstellungen für das Erwärmungssystem mit Hypokausten und Tubuli zu entwickeln.

Vor allem aber wurden die Erfahrungen und Erkenntnisse benutzt und angewandt, die der Verfasser bei seinen wärmetechnischen Untersuchungen der Thermen in Weißenburg, der Viehmarkt-Thermen in Trier und des Thermennachbaus in Xanten gemacht hat. Mit diesen Grundlagen wurde dann mittels eines Computers ein Berechnungssystem entwickelt.

II. Wesentliche Grundlagen aus antiken Quellen und modernen Forschungen

In der Auswahl nachfolgender Veröffentlichungen sind Wärmeangaben über den Bau und das Verhalten von Thermen enthalten, die mit Hypokausten und Tubulaturen versehen sind. Daraus sollen aber im Wesentlichen nur die Aussagen angeführt werden, die sich auf die Strömungsverhältnisse in den Heizsystemen beziehen.

II.1 Vitruvius, De architectura libri decem,
herausgegeben und übersetzt von C. Fensterbusch, Darmstadt 1964

Vitruv gibt im 10. Kapitel des 5. Buches Anweisungen, wie ein Thermen-Gebäude zu errichten ist, ferner wie der Boden des Hypokaustums zum Präfurnium geneigt sein soll. Angaben über Betrieb, Temperaturverhältnisse und Beheizung macht Vitruv nicht. Von verschiedenen antiken Schriftstellern sind Beschreibungen des Badelebens und der Funktion der einzelnen Baderäume überliefert. Da im Altertum noch keine Temperaturmessungen möglich waren, werden nur Angaben über Wärmeempfindungen gemacht.

II.2 F. Kretschmer, Hypokausten,
Saalburg Jahrbuch 12, 1953, 7-41

Kretschmer gibt einen Überblick über einige Thermenanlagen und deren Beheizung. Allein aus nur einem Thermenbau (Saalburg) wurden Tubulisteine abgebildet, die unterschiedliche Dimensionen aufweisen (Abb. 1).

Kretschmer betrachtet die zu Strängen übereinander angeordneten Tubuli-Steine als Schornsteine, durch die die Heizgase aus dem Hypokaustum ins Freie geführt wurden. Die Stränge sind nach unten zum Hypokaustum offen, mit ihrer Breitseite direkt auf den Innenwänden angeordnet und zum Raum hin mit einer dünnen Verputzschicht versehen. Dabei können sie in den Raum Wärme abgeben. Für die Feststellung, dass ein Teil der Tubuli-Stränge oben in ein waagerechtes Kanalrohr münden, erfolgt keine Erklärung. Kretschmer erläutert die Anordnung verschiedener Rauchabzüge und ihre wahrscheinliche Funktion. Es werden mehrere Möglichkeiten angegeben, wie die Rauchgase durch die Schornsteine ins Freie geführt werden konnten.

Tubulisteine bestehen meist aus gebrannten Tonröhren mit rechteckigem Querschnitt. Ferner haben die meisten Tubuli an ihren beiden Schmalseiten kleine rechteckige Öffnungen. Wie ihre originale Anordnung an den Wänden römischer Thermenanlagen zeigt, wurden derartige Tubulisteine an den Wänden vielfach so angebracht, dass jeweils zwei Tubulistränge unmittelbar nebeneinander hochgeführt wurden. Über die Zuordnung der seitlichen Öffnungen der Tubulisteine in den benachbarten Strängen erfolgt keine Aussage. Andere Tubuli-Steine ohne diese Seitenöffnungen mit zum Teil größeren Querschnitten werden als Teile von Rauchabzügen betrachtet.

Abbildung 1: Verschiedene Tubulisteine, Saalburg

Auf der Saalburg wurden im Jahr 1952 in einem kleinen, mit Hypokaustum und Tubulaturen ausgestatteten Versuchsraum Heizversuche unternommen. Dabei wurden in den Wänden über den Tubuli-Strängen teilweise Tempe-

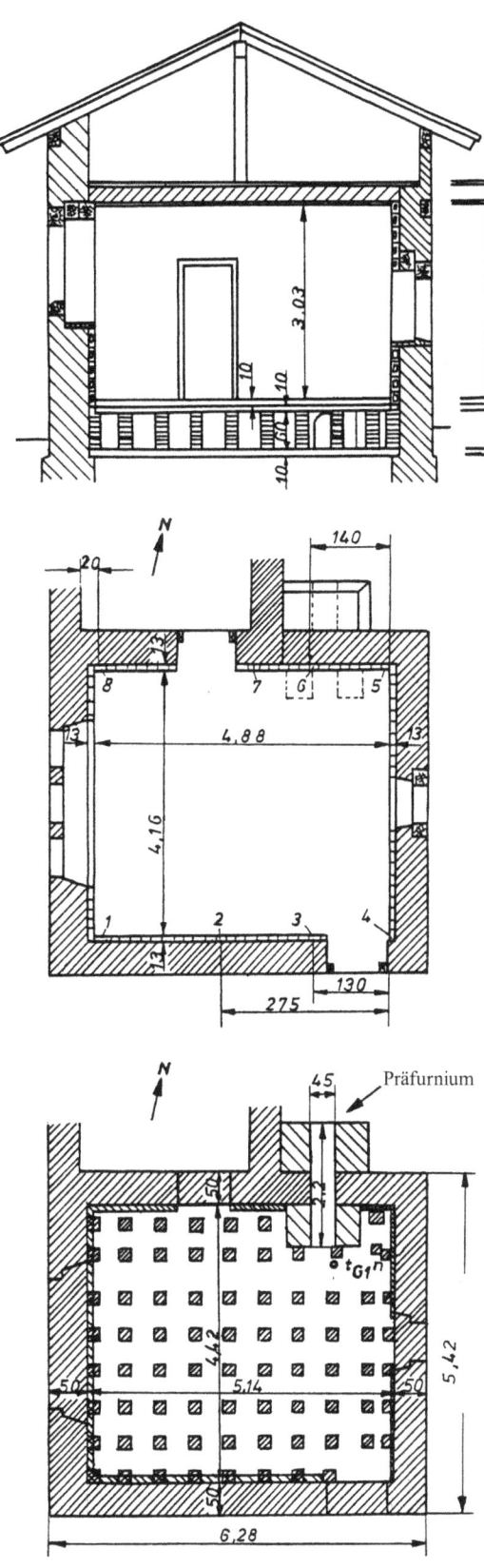

Abbildung 2: Saalburg, Versuchsraum

raturen festgestellt, die etwas niedriger als die Innentemperatur des Versuchsraumes lagen. Diese Befunde veranlassten Kretschmer, von dem „Rätsel der Tubulatur" zu sprechen. Allerdings kam er zu dem Schluss, dass tubulierte Wände nicht heizen.

Bei den genannten Versuchen wurde der zeitliche Verlauf der Gastemperaturen im Hypokaustum, sowie der des langsam abbrennenden Feuers im Präfurnium, das in der Antike als *ignis languidus* („träges Feuer") bezeichnet wurde, gemessen. Weiterhin gibt Kretschmer den Holzverbrauch für die Versuche an. Diese Untersuchungen Kretschmers waren der erste wärmetechnische Versuch, die Verhältnisse in Hypokausten und Tubulaturen zu erklären. Allerdings war die Genauigkeit der verwendeten Temperatur-Messgeräte unzureichend, so dass Ergebnisse erzielt wurden, die nicht befriedigten.

II.3 F. Kretschmer, Die Heizung der Aula Palatina in Trier,
Germania 33, 1955, 200-210 (vgl. E. Brödner, Germania 24, 1956, 277 ff.)

Im spätantiken Trierer Kaiserpalast war die Aula Palatina ein großer Versammlungs- bzw. Audienzraum, der nur gelegentlich beheizt wurde. Der Saal war mit Tubulaturen bis zu einer Höhe von 9 Metern in den Wänden und einem Hypokaustum ausgestattet, das von mehreren Präfurnien aus beheizbar war. Kretschmer berechnet den Wärmebedarf und den Brennstoffverbrauch bei einer vorgegebenen Raumtemperatur. Dabei geht er davon aus, dass die heißen Abgase des Hypokaustums durch die Tubuli strömen und anschließend über die Abzugskamine ins Freie austreten. Anders als in seinen Untersuchungen von 1953 (oben II.2) folgert Kretschmer hier aus dem von ihm berechneten Wärmebedarf, dass allein durch das Hypokaustum der Raum nicht beheizt werden konnte und dass daher die tubulierten Wände zusätzlich Wärme in den Raum abgeben mussten. Kretschmer erwähnt auch die von den Wänden ausgehende Wärmestrahlung, die auf im Raum befindliche Personen einwirkt.

II.4 T. Rook, The Development and Operation of Hypokausted Baths,
Journal of Archaeological Science 5, 1975, 269-282

In dieser Veröffentlichung wird das römische Bad in Welwyn, Großbritannien, beschrieben sowie der Wärmebedarf für die einzelnen Räume und der dafür notwendige Brennstoffbedarf ermittelt. Hierfür verwendet Rook Teilergebnisse der durch Kretschmer in der Saalburg 1953 vorgenommenen Versuche (oben II.2). Für die Berechnungen wurden Temperaturverhältnisse angenommen, die in modernen türkischen Bädern gemessen worden sind. Der Rechengang entspricht etwa dem für Wärmebedarfsrechnungen von Neubauten nach DIN 4701. Die Wärmeverluste der in den Wänden befindlichen Tubulaturen werden dabei freilich nicht berücksichtigt, da kein theoretischer Ansatz für die Strömungsverhältnisse in den Tubulaturen und damit für die Berechnung der Wärmeabgabe verfügbar war. Im Wesentlichen konnte aber Rook die Wärmeverhältnisse für die Therme von Welwyn näherungsweise ermitteln.

II.5 H. Hüser, Wärmetechnische Messungen an einer Hypokaustanlage in der Saalburg,
Saalburg Jahrbuch 36, 1979, 12-30

In dem mit Hypokausten und tubulierten Wänden versehenen Versuchsraum, in dem bereits 1952/53 von Kretschmer Untersuchungen vorgenommen wurden (oben II.2), erfolgten 1976 durch Hüser weitere Heizversuche. Insbesondere wurden der zeitliche Verlauf der Gastemperaturen vom Präfurnium bis in das Hypokaustum, die Verteilung der Bodentemperaturen, die Deckentemperaturen, die Austrittstemperaturen der Abgase sowie der Brennstoffverbrauch gemessen. Weiter wurde der Wirkungsgrad der Anlage bestimmt. Auch eine eventuelle Taupunktunterschreitung in den Tubulaturen wurde untersucht. Hüsers Veröffentlichung enthält erstmalig konkrete Angaben über das Temperaturverhalten und Hinweise auf Strömungen in den Tubulatursträngen. Die Mess-einrichtungen entsprachen den Anforderungen, und die erzielten Ergebnisse sind sehr gut dokumentiert. Da hiermit wesentliche Voraussetzungen für die Entwicklung weiterführender Rechenverfahren gegeben sind, sollen Hüsers Ergebnisse ausführlich wiedergegeben und diskutiert werden.

Zuerst beschreibt Hüser das Empfinden des Menschen im Wärmeaustausch mit der Umgebung. Je nachdem, ob die Temperatur in einem Raum überwiegend von beheizten Böden und Wänden oder von der Raumluft bestimmt ist, liegt eine Strahlungs- oder Konvektionsheizung vor. Maßgebliche Größen für das Raumklima in einer Therme sind die Temperaturen der Raumumschließungsflächen, die Lufttemperatur im Raum und die Luftfeuchte.

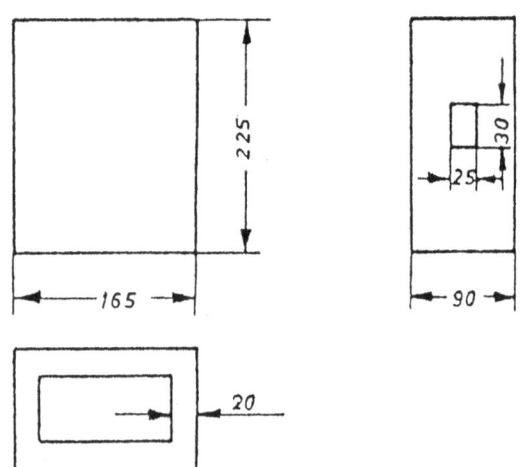

Abbildung 3: Tubulusstein, Versuchsraum Saalburg

Abbildung 2 zeigt den Querschnitt und den Horizontalschnitt für den Versuchsraum in der Saalburg und für das Hypokaustum mit Anordnung der Hypokaustpfeiler. Die Anordnungen von Fenstern und Tür, der Tubulatur und des Hypokaustums sind erkennbar. Abbildung 3 zeigt die Aufmaße der als Tubuli verwendeten Hohlziegel.

Die Tubuli sind in Strängen mit ihren Schmalseiten aneinander liegend so übereinander angeordnet, dass durch die seitlichen Quer-Öffnungen in jeder Tubulusebene eine Strömungsverbindung zu einem benachbarten Tubulusstrang besteht. Nach unten ist jeder Strang zum Hypokaustraum offen. Oben sind die Tubulistränge durch horizontale Hohlziegel verbunden.

Da nunmehr empfindlichere Messgeräte als bei Kretschmers Versuch 1952 (oben II.2) verfügbar waren, ergaben sich bei den Temperatur-Messungen an den Wänden andere Ergebnisse als die damals von Kretschmer ermittelten. Hüser schreibt dazu: „Die Temperaturverteilung der tubulierten Wände war von gestreifter Struktur. Dies konnte eindeutig sowohl mit dem Oberflächenthermometer als vor allem auch durch Thermographie festgestellt werden. Es wechselten bevorzugt warme mit kälteren vertikalen Streifen von der Breite von 2 Tubuli."

Westlich neben der Eingangstür, also gegenüber dem Präfurnium, wurden allerdings wie bei Kretschmer die höchsten Temperaturen gemessen. Bis auf die, vom Präfurnium aus gesehen, linke Seitenwand (Ostwand) waren bei den übrigen drei Wänden in regelmäßigen Abständen Abzüge vorhanden, aus denen die Rauchgase ins Freie gelangten. Diese Züge sind strömungstechnisch bevorzugt; das zeichnet sich durch eine höhere Oberflächentemperatur auf der Wand ab.

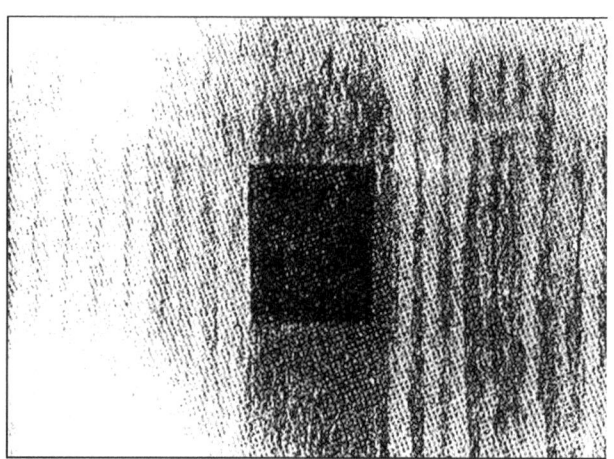

Abbildung 4: Thermographie der Ostwand, Versuchsraum Saalburg

Abbildung 4 zeigt die Thermographie der Ostwand. Helle Stellen deuten auf höhere, dunklere auf tiefere Temperaturen hin. Temperaturunterschiede werden als Grauton-Stufungen auf einem Bildschirm wiedergegeben. Dazu schreibt Hüser: „Das Fenster zeigt sich als schwarzes Rechteck. Die Tubuli über und unter Tür und Fenster sind verhältnismäßig kalt. Sie werden kaum von Gasen durchflossen, obwohl jeder Tubulus eine Querverbindung zum Nachbarn hat. Die Gase neigen nicht zu Querströmungen, das heißt nicht zu Richtungsänderungen. Sie gehen den Weg des geringsten Widerstandes. Man erkennt jedoch deutlich am oberen Querbalken, dass im oberen Teil der Wand Querströmungen vorkommen."

Mit dunklen Streifen zeichnen sich die Wandungen der Tubuli-Schmalseiten ab. Die Temperaturverteilung auf der 2,8 m hohen Wand ist sehr gleichmäßig. Die Temperaturunterschiede betragen max. ca. 2°C. Die geringen Temperaturunterschiede zwischen jeweils zwei Tubulisträngen sind auf den Abbildungen kaum zu erkennen. Zum Vergleich wurde in einer Höhe von 1 m über dem Boden die Oberflächentemperatur über den Tubulisträngen auf allen vier Wänden gemessen (Abb. 5).

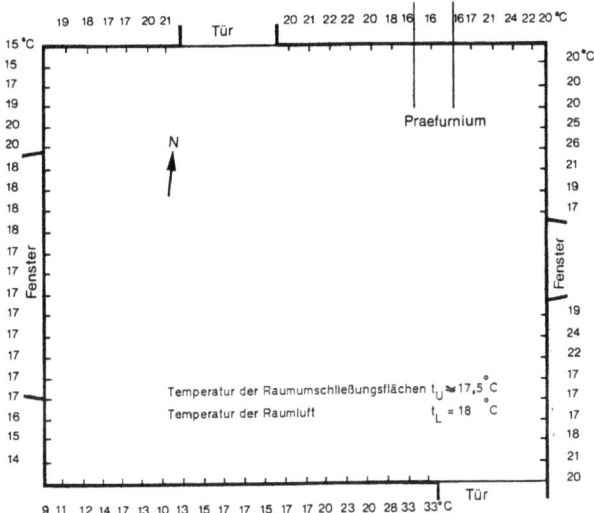

Abbildung 5: Wandtemperaturen in 1 m Höhe, Versuchsraum Saalburg

Bei Messung über vier Tubulisträngen, über denen der Verputz entfernt worden war, konnte man erkennen, dass der Wechsel von warm nach kalt über zwei Reihen geht. Hüser trifft keine Aussage über die Strömungsverhältnisse in den Tubulaturen. Allerdings stellt er fest: "In der Mitte der Wand war über vier Reihen der Tubuli der Verputz entfernt. Beim Vergleich mit dem Hypokaustum bekommt man den Eindruck, als ob die kälteren Reihen, was den Gasstrom angeht, im Windschatten der Pfeiler lägen." Das ist aber unwahrscheinlich, da sich der Wechsel zwischen wärmeren und kälteren Reihen an allen vier Raumwänden feststellen lässt, mithin auch an der Seite, an der Wärme vom Präfurnium in das Hypokaustum eingespeist wird, es also keine Windschatten von Pfeilern geben kann.

II.6 E. Brödner, Die römischen Thermen und das antike Badewesen,
Darmstadt 1983

Brödner berichtet über verschiedene Thermenanlagen im Römischen Reich sowie über die antiken Badegewohnheiten. Ein Kapitel ist der Beschreibung der Heizanlagen von Thermen gewidmet. Brödner weist auf den Einfluss der Strahlungsheizung durch die tubulierten Wände hin. Ohne nähere Beschreibung nimmt sie in den Tubulaturen Gasströmungen an. Aufgrund von Messungen in dem aus dem Mittelalter stammenden türkischen Bad "Incirli Hamam" in Bursa/ Türkei, dessen Betrieb etwa den Badegewohnheiten der Römer entspricht, macht Brödner wichtige Angaben zu den Temperaturverhältnissen in den Thermen. Durch diese Messungen in diesem Bad erhalten wir zusätzlich Informationen zu den Temperaturangaben, die aus der Literatur für moderne Baderäume entnommen werden können.

II.7 Deutsche Industrienorm DIN 4701 von 03.1983

Teil 1. Regeln für die Berechnung des Wärmebedarfes von Gebäuden, Grundlagen.
Teil 2. Regeln für die Berechnung des Wärmebedarfes von Gebäuden, Tabellen, Bilder, Algorithmen.

Liegen Details für Abmessungen und Baumaterialien der Rekonstruktion einer römischen Therme vor, so kann mit den Rechenregeln und den Tabellen für Materialdaten der DIN 4701 der Wärme- und Brennstoffbedarf ermittelt werden. Da das Wärme-verhalten der in den Wänden befindlichen Tubulaturen nicht berücksichtigt ist, sind die Berechnungsverfahren nur mit Teilen der Norm durchführbar. In der Norm werden auch Angaben über Temperaturwerte für Baderäume unterschiedlicher Verwendungszwecke gemacht. Diese entsprechen in etwa denen von E. Brödner in der Türkei ermittelten.

II.8 A. Rieche & T. Rook, Fuel Trials in Xanten,
Balnearia, Vol. 1, Issue 2, 1993

Im April 1993 wurden von Tony Rook in den rekonstruierten Herbergsthermen in Xanten Heizversuche über einen Zeitraum von 7 Tagen vorgenommen. Die Ergebnisse wurden mit Diagrammen belegt. In den Diagrammen des Versuchsberichtes über die späteren, in Sommer 1993 und Winter 1993/94, am gleichen Gebäude durchgeführten Heizversuche (unten II.10), sind auch die wesentlichen Messergebnisse der Versuche von Rook mit dargestellt. Aus Rooks Versuchsbericht kann entnommen werden, dass man täglich zu viel Brennstoff zugeführt hatte. Der Gleichgewichtszustand, bei dem gerade nur soviel Brennstoff zugeführt wurde, um für mehrere Tage die Raumtemperaturen in etwa konstant zu halten, wurde nicht erreicht. Die Versuchsdauer war zu kurz angesetzt worden.

II.9 H.-Chr. Grassmann, Wirkungsweise und Energieverbrauch antiker römischer Thermen ermittelt mit modernen wärmetechnischen Methoden für die Großen Thermen in Weißenburg,
Jahrbuch des Römisch-Germanischen Zentralmuseums Mainz 41, 1994, 297-321

Für die einzelnen beheizbaren Räume dieser Therme, die jeweils ein eigenes Präfurnium besaßen, wurden unter Verwendung wesentlicher Teile der Deutschen Industrie-Norm DIN 4701 die Temperaturverhältnisse und der Brennstoffbedarf berechnet. Hierzu wurde ein spezielles Computer-Rechenprogramm entwickelt. Da die Kenntnis über das Wärmeverhalten der Tubulaturen eine wesentliche Voraussetzung für die Berechnungen darstellt, wurde die von Hüser gefundene Streifigkeit der Temperaturwerte über den Wänden dahin gedeutet, dass in den Tubuli- strängen aus dem Hypokaustum gespeiste zirkulierende Strömungen auftreten.
Diese Hypothese soll weiter unten ausführlich behandelt werden.

II.10 H.-Chr. Grassmann, Heizungstechnische Auswertung der Heizversuche vom Sommer 1993 und Winter 1993/94 in den rekonstruierten Herbergs-Thermen in Xanten,
Unveröffentlicht

Nach den im Frühjahr 1993 erfolgten Heizversuchen in den vollständig restaurierten Herbergsthermen in Xanten durch Rook (oben II. 8) wurden im Sommer 1993 und im Winter 1993/94 weitere Heizversuche durch das Personal des "Archäologischen Parks Xanten" mit Unterstützung des VDI-Ausschusses 3817 durchgeführt. Aus personellen Gründen der Beteiligten erfolgte keine Veröffentlichung über diese Versuche. Die wärmetechnische Auswertung der Versuche wurde vom Verfasser vorgenommen. Da die bei diesen Versuchen gewonnenen Ergebnisse wesentlich zum Verständnis des Heizsystems antiker Thermen beitragen, werden sie weiter unten ausführlich vorgestellt und erörtert.

II.11 H.-Chr. Grassmann, Heizungstechnische Untersuchungen der Viehmarktthermen Trier,
Unveröffentlicht

Für die Viehmarkt-Thermen in Trier wurde mit den vom Rheinischen Landesmuseum, Trier zur Verfügung gestellten vorläufigen Grabungsskizzen eine wärmetechnische Rekonstruktion der Therme vorgenommen. Hierbei wurden an Hand der Fundamentzeichnungen die Raumhöhen nach Angaben von Vitruv abgeschätzt. Aus den Grabungsunterlagen konnten die Mauerdicken und teilweise die verwendeten Baustoffe ermittelt werden. Die Anlage bestand aus 3 parallel angeordneten größeren Baderäumen, von denen die äußeren jeweils ein durch Hypokausten beheiztes Badebecken mit einer Tiefe von ca. 80 cm aufwiesen. Weitere kleine Räume, teilweise durch Hypokausten und Tubulaturen beheizt, befanden sich nördlich der großen Räume. Die Räume mit Badebecken besaßen Präfurnien.

Da die Räume in der Antike verschiedentlich umgebaut wurden, im Mittelalter durch ein Kloster überbaut wurden und bei der Freilegung durch Bagger zum Teil sehr tief der Schutt ausgehoben wurde, war es schwierig, aussagekräftige Informationen für eine Rekonstruktion zu finden. Daher enthalten die notwendigen Angaben für die wärmetechnische Rekonstruktion nur Daten über Materialien und angenommene Konstruktionsmaße. Dies gilt insbesondere für die Ausführung von Hypokausten und Tubulaturen. Für die einzelnen Räume wurden entsprechend dem geschätzten Verwendungszweck die Raumtemperaturen angenommen. Für die mittleren Außentemperaturen im Sommer und im Winter wurde die erforderliche Menge an Brennholz errechnet. Obwohl viele Parameter abgeschätzt werden mussten, kann man doch ein gutes Bild über das Wärmeverhalten und den Holzverbrauch der Therme erhalten.

III. Der Heizbetrieb in den rekonstruierten Herbergsthermen in Xanten

Eine wesentliche Grundlage zum Verständnis der wärmetechnischen Vorgänge bei einer Hypokaustheizung mit in den Wänden befindlichen Tubulaturen kann aus den Ergebnissen der Heizversuche in den Herbergsthermen in Xanten gewonnen werden. Daher soll auf den Heizbetrieb und die dabei gewonnenen Messergebnisse besonders eingegangen werden. Zuvor sollen jedoch die allgemeinen Eigenschaften des Hypokaust-Heizsystems in Erinnerung gebracht werden.

III.1 Das Heizsystem

Bei einem mit Hypokaustum und Tubulatur beheizten Raum müssen der warme Boden des Raumes und die beheizten Wände die Wärmeleistung aufbringen, die als Verlustwärme durch Fenster, Türen, nicht tubulierte Wandflächen und durch die Raumdecke entweicht. Die Temperaturen der Heizgase im Hypokaustum und in den Tubuli sind miteinander gekoppelt. Wenn die Wände in den Raum Wärme abgeben sollen, müssen in ihnen Gasströmungen vorhanden sein, um die erforderliche Wärme zu transportieren. Zuerst denkt man daran, dass die vom Präfurnium kommenden Heizgase durch das Hypokaustum und anschließend durch die Tubuli ziehen, um wie bei Kaminen einer üblichen Heizungsanlage schließlich ins Freie zu gelangen. Rechnet man diese Annahme jedoch nach, erkennt man, dass hierbei vom Feuer im Präfurnium extrem große Mengen an Verbrennungsluft angesaugt werden müssten, die zu einer starken Abkühlung der Heizgase führen würden. Daher wäre eine sehr starke fortlaufende Verbrennung erforderlich, um das vorgegebene Temperaturniveau aufrecht zu erhalten. Aus Hüsers Messungen und Beobachtungen wurde vom Verfasser geschlossen, dass - analog zu einer Warmwasserheizung, die nach dem Schwerkraftprinzip arbeitet - in je zwei benachbarten Tubuli die Heizgase aus dem Hypokaustum aufsteigen und in den benachbarten wieder nach unten strömen (oben II.5 und II.9).

Im Prinzip handelt es sich bei der Hypokaustheizung um eine sogenannte Niedertemperaturheizung, bei der die Temperatur der wärmetransportierenden Heizgase besonders in den Tubuli durchschnittlich nur etwa 45°C beträgt. Dadurch ergibt sich wegen der geringeren Temperaturdifferenz zur Außenatmosphäre ein guter Verbrennungswirkungsgrad von etwa 90 - 95%. Das entspricht auf dem ersten Blick den Wirkungsgraden moderner Heizungsanlagen. Als Verbrennungswirkungsgrad ist das Verhältnis der vom Gebäude aufgenommenen Leistung zu der von der Feuerstelle gelieferten Gesamtwärmeleistung definiert. Da die Antike nicht über moderne wirksame Wärmeisolierstoffe verfügte, entstehen aber erhebliche Wärmeverluste im Präfurnium mit dem Warmwasserkessel,

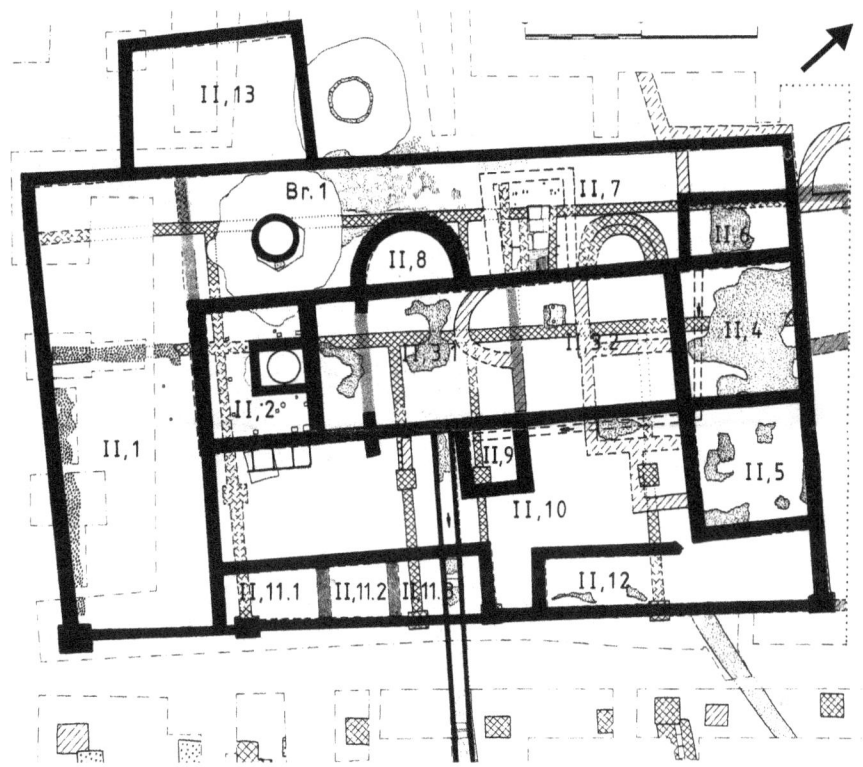
Abbildung 6: Herbergsthermen in Xanten, Grundriss

im Heizkanal und dem Hypokaustum, zum Erdreich hin und durch Fenster und Türen. Ferner führen die in den Tubulisträngen von Außenwänden strömenden Heizgase zu spürbaren weiteren Verlusten, wenn deren Temperatur höher als die im Raum selbst ist. Es entsteht der Eindruck, dass die Mauerdicken der Warmräume verstärkt ausgeführt wurden, um diesen Wärmeabfluss zu reduzieren. Die Fenster dürften meist mit Doppelscheiben versehen gewesen sein, um bei den feuchten Räumen auch Kondenswasserbildung an den Scheiben zu vermindern.

III.2 Beschreibung der räumlichen Anordnung der rekonstruierten Herbergsthermen (Abb. 6)

In einem gesonderten Raum (II.2) ist das Präfurnium untergebracht, dessen Heizgase in ein unter dem Caldarium (II.3.1) und Tepidarium (II.3.2) gelegenes gemeinsames Hypokaustum geleitet werden. Sowohl im Caldarium als auch im Tepidarium sind an den Längsseiten Abzüge für die Heizgase ins Freie vorhanden. Die Wände und auch die tonnenförmige Decke des Caldariums sind vollständig tubuliert. Das Caldarium befindet sich gewissermaßen in einer Warmluftschale, aus der keine Wärme in Nachbarräume oder nach außen abfließen kann. Eine Zwischenwand trennt das Caldarium vom Tepidarium, das keine Tubulaturen aufweist. Ferner sind ein unbeheiztes Apodyterium sowie einige kleine Nebenräume vorhanden. Die Räume sind in einer Reihe angeordnet.

III.3 Betrieb der Thermen

Am Beispiel der betriebsfähig rekonstruierten Herbergsthermen von Xanten soll der Betrieb und das Temperaturverhalten einer kleinen Therme dargestellt werden.

Im Präfurnium, das südlich des Caldariums in einem gesonderten Raum untergebracht ist, befindet sich die Feuerstelle, über der ein 1000 Liter fassender Kupferkessel zur Warmwasserversorgung aufgesetzt ist (Abb. 7). Zur Wärmeisolation ist dieser mit einer Ummauerung versehen. Der eigentliche Verbrennungsraum ist mit Ziegeln ausgemauert. Seine Beschickungsöffnung wird mit einer Eisentür verschlossen. Mit Luftschiebern an der Tür kann die Zufuhr an Verbrennungsluft beeinflusst werden. Von der halb ins Erdreich eingelassenen Feuerstelle wird Wärme nach unten und in den Raum abgegeben. Auch der ummauerte Warmwasserkessel gibt Wärme an seine Umgebung ab. Der Brennstoff muss die notwendige Heizleistung in Form erhitzter Luft liefern. Der Feuer-stelle ist daher soviel an Verbrennungsluft zuzuführen, dass eine Heißluftströmung entsteht, die das Kesselwasser, das Hypokaustum und die Tubuli auf die erforderlichen Temperaturen bringt. Das Kesselwasser wird hauptsächlich durch Strahlung der Feuerstelle erwärmt. Zusätzlich zur Deckung der Wärmeverluste des Bauwerkes nach außen und zum Erwärmen des Brauchwassers ist von der Feuerstelle bei Beginn der Beheizung eine erhebliche Wärmemenge zum Aufheizen der großen Speichermassen des Mauerwerkes zu liefern.

Bei den Xantener Herbergsthermen sind etwa sechs Tage intensiver Beheizung erforderlich, bis der Gleichgewichtszustand zwischen der vom Feuer gelieferten und der nach außen abgegebenen Wärme erreicht wird.

Wegen des Speicherverhaltens der großen Steinmassen ist es unerheblich, ob durch erhöhte Luftzufuhr der eingebrachte Brennstoff schnell oder durch dichteren Luftabschluss an der Beschickungstür langsamer abbrennt.

Da der Brennstoff nicht auf einem Rost, sondern direkt auf dem Boden der Feuerstelle liegt, kommt die Verbrennungsluft nur seitwärts und von oben an ihn heran. Kurze Zeit nach dem Beschicken brennt der Holzstapel mit heller Flamme. Mit zunehmender Ascheverbildung wird die Intensität des Feuers immer schwächer, bis nur noch unter der Asche ein Glimmen festzustellen ist (*ignis languidus* ("träges Feuer": oben II.2). Das Holz verbrennt mit sehr geringen Ascherückständen. Die Beschickung des Feuers erfolgte in Xanten in Abständen von vier Stunden, mit Ausnahme der Zeit von 22 Uhr abends bis 6 Uhr früh.

Von Kretschmer wurden bei seinen Heizversuchen 1952 in der Saalburg Temperaturmessungen im Bereich des Präfurniums vorgenommen. Da entsprechende Messungen in den Xantener Herbergsthermen nicht erfolgten, können nur Kretschmers Messungen einen guten Einblick in die Temperaturverhältnisse im Bereich des Präfurniums geben. Abbildung 8 zeigt im oberen Bild den Temperaturverlauf in und über dem Feuer von der Feuertüre bis in den Heizkanal im zeitlichen Abstand von 1,5 Stunden ab Beschickung mit Brennstoff. Im unteren Bildteil wird die Temperaturverteilung in Abhängigkeit von der Höhe des Heizkanals im Zeitabstand von 0,5 Stunden dargestellt. Dabei handelt es sich jedoch um eine Momentaufnahme. Wichtig ist, dass bei diesem Beispiel an der Decke des Heizkanals eine Temperatur von ca. 80°C auftritt, die bis zum Boden fast auf 0°C absinkt. Das bedeutet, dass im Hypokaustum keine gleichmäßige Temperaturverteilung vorhanden ist, da die höchsten Temperaturen direkt unter der Suspensura auftreten. Daraus ist zu schließen, dass auch im Hypokaustum Gasströmungen auftreten müssen, und zwar so, dass die heißen Gase vom Präfurnium in das Hypaukaustum einfließen, während die abgekühlten Gase zurückfließen. Aus diesem Grunde wurde wohl von Vitruv für den Bau von Thermen ein zum Präfurnium hin geneigter Boden des Hypokaustums empfohlen (De architectura, 5. Buch, 10. Kapitel: Über die Anlage von Bädern, Absatz 2).

Die Warmwasserbereitung erfolgt zum einen durch den bereits erwähnten Heizkessel, ferner durch die Testudo, ein geschlossenes Kupfergefäß mit nach oben halbrundem Profil, das über dem Heizkanal zwischen Präfurnium und dem Hypokaustum liegt. Die Testudo ragt in den Alveus, einem Warmwasserbecken mit etwa 40°C warmem Wasser. Damit wird die Erwärmung des vom Kessel kommenden Warmwassers verstärkt. Die in den Wänden und an der Gewölbedecke des Caldariums unter einer Putzschicht angebrachten Tubuli werden von Warmluft durchströmt und geben Wärme ab. Die Warmluft im Hypokaustum erwärmt den Raum von unten durch den Fußboden. Der gesamte Raum befindet sich gewissermaßen in einer Warmluftschale, deren Temperatur gerade so hoch ist, dass aus dem Caldarium keine Wärme nach außen oder in Nachbarräume abfließen kann. Ein Teil der vom Präfurnium gelieferten Heißluft strömt nach Wärmeabga-

Abbildung 7: Heizraum, Herbergsthermen Xanten

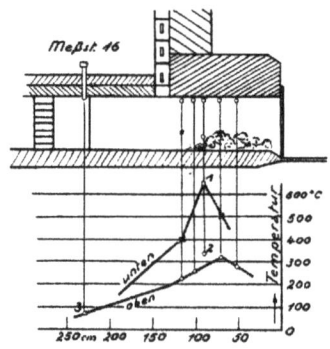

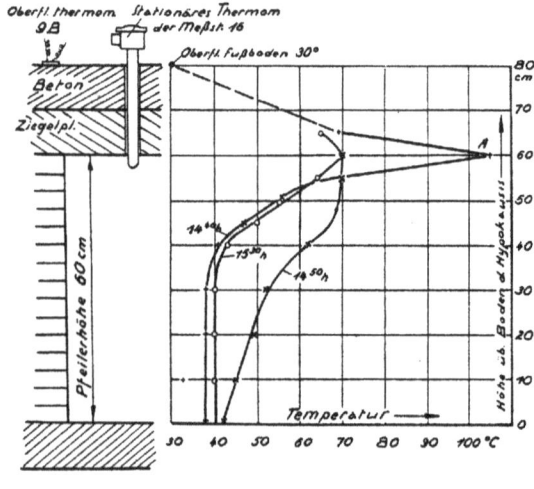

Abbildung 8: Temperaturmessung im Präfurnium nach Kretschmer

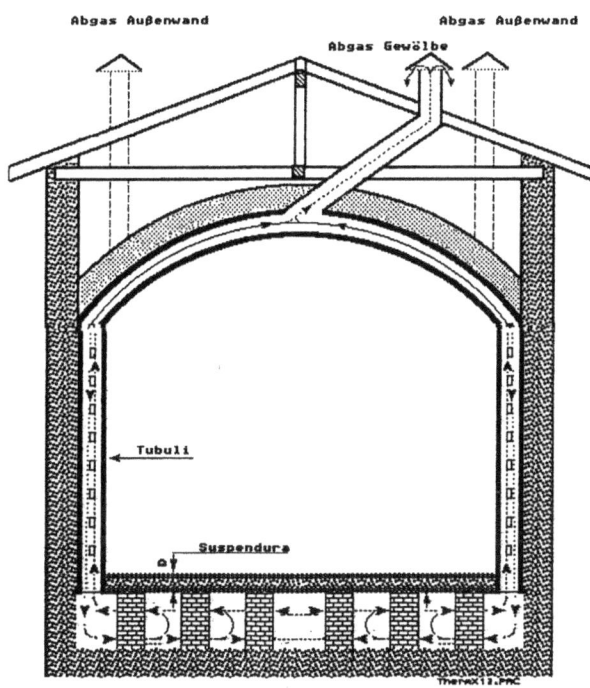

Abbildung 9: Querschnitt, Anordnung der Warmluftströmungen, Herbergsthermen Xanten

be durch Abzugkamine auf dem Dach nach außen ab. Die Abluftkamine der Xantener Herbergsthermen sitzen auf besonderen Tubulisteinen, die die Tubulatursträn ge an ihrem oberen Ende querlaufend miteinander verbinden. Sie sind dabei so angeordnet, dass die aus dem Präfurnium kommenden heißen Gase möglichst gleichmäßig verteilt durch das Hypokaustum strömen. Sechs Kanäle führen die warmen Abgase nach oben ins Freie ab. Je zwei Kanäle sind an den beiden Längswänden, zwei weitere in der Trennwand zum Apodyterium angeordnet (Abb. 9). Wärmeverluste entstehen in diesem Raum lediglich durch die vier Fenster, die Tür zum kühleren Tepidarium, sowie an wenigen nicht tubulierten Stellen des Mauerwerkes. Die Abluftmenge beträgt rund 250 Kubikmeter pro Stunde: Das entspricht der Förderleistung eines modernen Wrasenabzuges, wie er über einem Küchenherd Verwendung findet. Die Ablufttemperaturen entsprechen etwa denen der Gastemperaturen in den Tubuli.

Die vom Präfurnium kommenden Heizgase geben in Längs- und Querrichtung Wärme an die in den Tubuli zirkulierenden Gasströmungen ab. Das dabei entstehende Temperatur-,Gebirge' im Hypokaustum hat seine höchste Stelle am Einlass der vom Präfurnium kommenden Heizgase. Nur dort, direkt über dem Eintritt des Heizkanales in das Hypokaustum, hat die Suspensura (der Boden über dem Hypokaustum) eine Temperatur von 50°C. Die Temperatur des dort darunter strömenden Gases beträgt bis zu 100°C. Die Temperatur des Bodens ist sonst deutlich niedriger, so dass man ihn barfuß betreten kann. Unter dem vom Praefurnium am weitesten entfernten Tepidarium ist die Gastemperatur im Hypokaustum soweit abgesunken, dass kaum noch Wärme in den darüber liegenden Raum abgegeben wird. Das Tepidarium wird also hauptsächlich durch die warme Verbindungswand zum Caldarium und nur sehr wenig durch den Boden beheizt.

Bei dem Sommerversuch, bei dem man die Brennstoffzufuhr von anfangs 120 kg auf 50 kg täglich verringerte, wurde bereits nach einer Aufheizzeit von etwa 6 Tagen die Gleichgewichtstemperatur erreicht. Mit Beginn der Messwertauswertung fiel die Raumtemperatur dann langsam ab. Im Winterversuch wurde die tägliche Brennstoffzufuhr bei ca.120 kg konstant gehalten. Bei etwa gleichbleibender Außentemperatur stieg die Raumtemperatur noch langsam an. Als Brennmaterial wurde über ein Jahr lang gelagertes Buchenholz verwendet. Die Feuchte des verwendeten Brennholzes ist von erheblichem Einfluss auf die erforderliche Holzmenge. Der Brennholzbedarf kann dann je nach Feuchte des verwendeten Holzes für den Winterversuch zwischen etwa 70 und 140 kg pro Tag liegen. Ursache für den Mehrverbrauch ist der mit zunehmender Feuchte abnehmende Heizwert des Brennholzes.

IV. Die Messungen in den rekonstruierten Herbergsthermen in Xanten

Im Folgenden sollen die wesentlichen Ergebnisse der Heizversuche in den Herbergsthermen aus den Sommerversuchen von 1993 und aus den Winterversuchen von 1993/94 dargestellt werden.

IV.1 Messgeräte und Messanordnungen

Für die Temperaturmessungen wurden Thermofühler verwendet, deren Messwerte von Zehnfach-Schreibern kontinuierlich aufgezeichnet wurden. Die Thermofühler wurden im Sommer- wie im Winterversuch an denselben Stellen angebracht. Es wurden Oberflächentemperaturen an Wänden und Böden, Temperaturen an verschiedenen Stellen im Hypokaustum, sowie Luft- und Wassertemperaturen gemessen. Leider waren bei der Festlegung der Temperatur-Messstellen an den Wänden die Erkenntnisse von Hüser hinsichtlich der Temperaturstreifigkeit nicht berücksichtigt worden.

An verschiedenen Tubulisträngen wurden Temperatur-Messstellen in 0.5, 1,0 und 1.5 Meter Höhe übereinander angebracht. Trotz unterschiedlicher Lage der Messstellen im Raum wurden generell drei verschiedene Tendenzen erkennbar:

1. Temperaturwerte über der Raumtemperatur, bei denen die Temperatur nach oben hin abnimmt,
2. Werte gleich der Raumtemperatur
3. Werte unter der Raumtemperatur, bei denen die Temperatur nach unten hin abnimmt.

Es ist anzunehmen, dass diese Ergebnisse auf die Strömungsrichtungen der Gase in den Tubulisträngen zu-

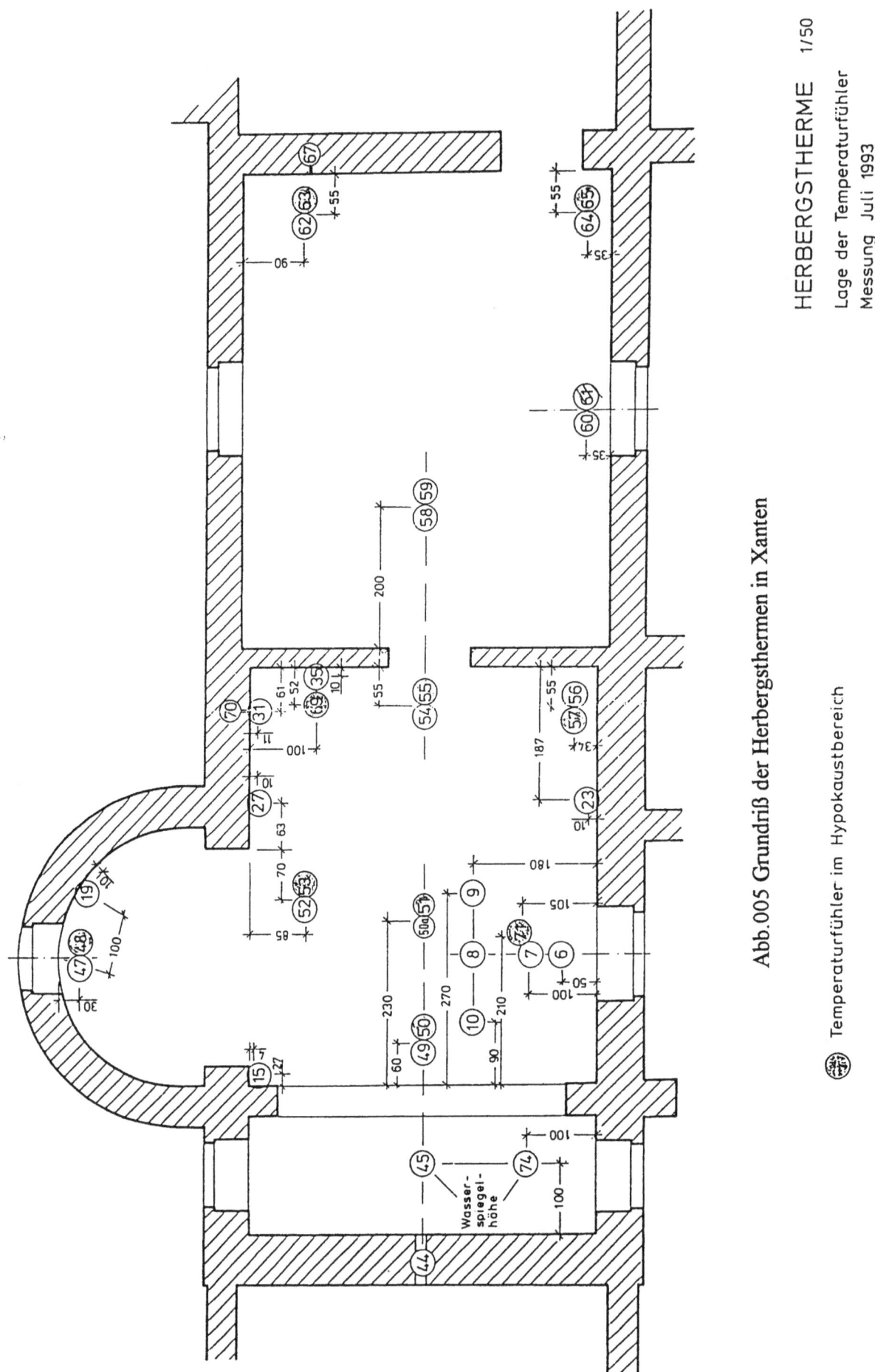

Abbildung 10: Anordnung von Thermofühlern auf dem Fußboden und im Hypokaustum, Herbergsthermen Xanten

rückzuführen sind. Da die strömenden Heizgase Wärme abgeben, ist eine aufsteigende Gasströmung zu erwarten, wenn die Wandtemperatur nach oben hin abnimmt. Verändert sich die Wandtemperatur von warm oben nach kalt unten, ist eine abwärts gerichtete Strömung anzunehmen. Oberflächentemperaturen, die gleich der Raumtemperatur sind, lassen auf Anbringung der Messsonden direkt über den ca. 4 cm dicken Seitenwandungen der Tubuli zwischen zwei benachbarten Tubulisträngen unterschiedlicher Strömungsrichtung schließen. Da die Messfühler genau über parallel liegenden Tubulisträngen angebracht wurden, ist allerdings ein eindeutiger Beweis für die Strömungsverhältnisse aus diesen Messungen allein nicht zu erbringen. Abbildung 10 zeigt die Anordnung der Messfühler auf dem Fußboden und im Hypokaustum. Auf die bildliche Darstellung der räumlichen Anordnung der Thermofühler auf den Wänden, zur Messung der Lufttemperaturen in den Räumen und der Außenatmosphäre sowie über den Abluftkaminen wird hier verzichtet. Lediglich einige Messstellen über ausgewählten Tubulisträngen seien noch gesondert dargestellt.

IV.2 Aufbereitung der Messwerte

Für einzelne Tage wurde aus der Vielzahl der Messdaten eine Zusammenstellung von Datengruppen vorgenommen. Für die Datenauswertung wurden nachfolgende Tage und Messzeiten ausgewählt:

für den Sommerversuch 1993

Datum	29.06.	02.07.	05.07.	07.07.
Versuchstage	5.	8.	11.	13.
Uhrzeit	11^{oo} 23^{oo}	11^{oo} 23^{oo}	11^{oo} 23^{oo}	11^{oo} 23^{oo}

für den Winterversuch 1993/94

Datum	24.01.	25.01.	28.01.	03.02.	06.02.
Versuchstage	1.	2.	5.	11.	14.
Uhrzeit	16^{oo}	11^{oo} 23^{oo}	23^{oo}	00^{oo} 12^{oo}	01^{oo} 23^{oo}

IV.3 Kontinuierliche Messungen

Mit schreibenden Messgeräten wurden gemessen:
die Außenlufttemperaturen T_a
die Raumlufttemperaturen T_i
die Bodentemperaturen T_b
die Gastemperaturen im Hypokaustum T_{hr}
die Gastemperaturen in den Tubuli T_t
die Wassertemperatur im Warmwasserbecken T_{Wasser}
die Raumluftfeuchte U_{Raum}
die Außenluftfeuchte U_{aussen}

IV.4 Einzelmessungen

Ferner wurden sporadisch in Einzelmessungen erfasst:
die Kaminabgas-Temperaturen T_{Abgas} (nur im Sommerversuch)
der Temperaturanstieg im Warmwasserkessel
der CO_2-Gehalt der Heizgase X_{CO2}
der Holzverbrauch pro Beschickung G_{Holz}

IV.5 Nicht gemessene Werte

Da entsprechende Messgeräte nicht verfügbar oder anwendbar waren, konnten einige für die Beurteilung der Feuerführung notwendige Daten nicht ermittelt werden. Das betrifft:
den zeitlichen Verlauf des CO_2-Gehalts X_{CO2} der Heizgase
die Verbrennungsluftmenge V_{Heiz}
den Wassergehalt des Brennholzes w
Für die ausgewählten Messtage wurde aus den zusammengehörigen Einzelmessungen für die unten aufgeführten Werte der arithmetische Mittelwert über 24 Stunden bestimmt. Damit wird die Auswertung der Datenmenge übersichtlicher. Dies betrifft im Wesentlichen die nachfolgenden Größen:
die Raumtemperaturen T_{iC} im Caldarium und T_{iT} im Tepidarium
die Wandtemperaturen T_{wC} im Caldarium und T_{wT} im Tepidarium
die Bodentemperaturen T_{bC} im Caldarium und T_{bT} im Tepidarium
die Außentemperatur T_a
den täglichen Holzverbrauch G_{holz}

V. Die Ergebnisse der Heizversuche in den Herbergsthermen in Xanten

Wesentliches Ziel der Versuche war es festzustellen, welche Temperaturen im Caldarium und Tepidarium bei unterschiedlichen Außentemperaturen erreicht werden und welcher Brennstoffaufwand dafür erforderlich ist. Ferner sollten die Heizleistungen für den Wasserkessel und den Alveus mit der Testudo ermittelt werden.

Obwohl die Messungen von Rook (oben II.8) teilweise unvollständig waren, wurden seine Ergebnisse hinsichtlich des Verlaufes von Raumtemperaturen, Holzverbrauch und Wassererwärmung in den entsprechenden Diagrammen der VDI-Versuchsauswertung vom Sommer 1993 und Winter 1993/94 ebenfalls mit dargestellt.

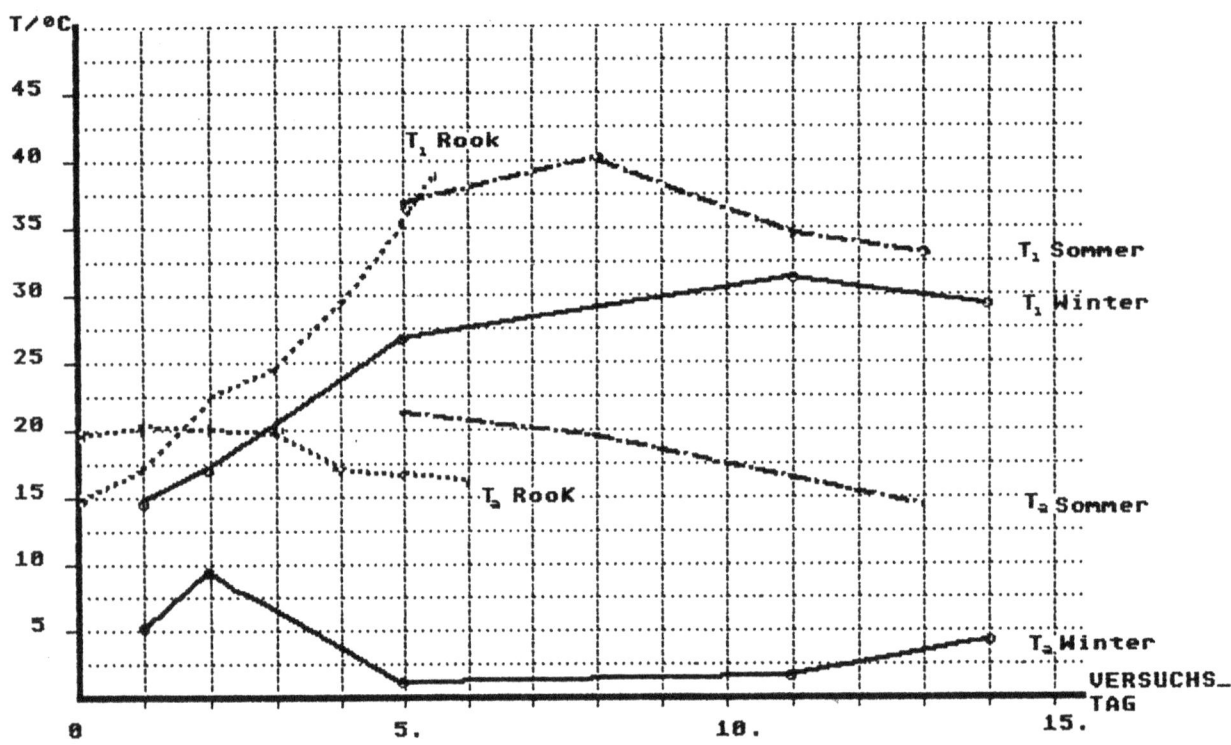

Abbildung 11: Raumtemperatur Ti des Caldariums und Außentemperatur Ta für die Versuchstage 1 - 14

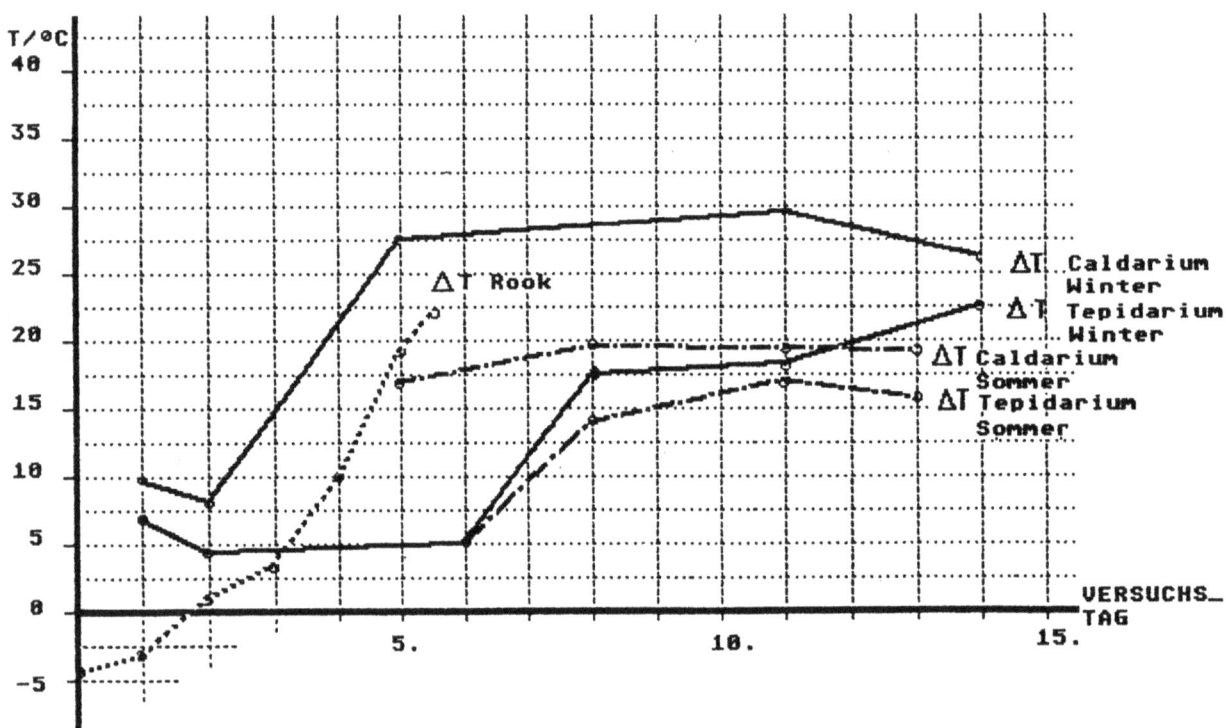

Abbildung 12: Temperaturdifferenz Delta T = Ti - Ta für Sommer- und Winterversuch

V.1 Raumtemperaturen und Außentemperatur

Die erforderliche Heizenergie ist maßgeblich von der Differenz von Raumtemperatur T_i und Außentemperatur T_a abhängig. In Abbildung 11 sind die Werte für die Raumtemperatur T_i und die Außentemperatur T_a der drei Versuchsdurchführungen über den Verlauf der Versuchstage aufgetragen. In Abbildung 12 ist für das Caldarium und das Tepidarium die Temperaturdifferenz $\Delta T = T_i - T_a$ für den Sommer- und Winterversuch aufgeführt. Die jeweiligen Außentemperaturen T_a sind ebenfalls dargestellt.

Beim Sommerversuch wurde die Endtemperatur nach etwa 8 Tagen erreicht. Da für den Winterversuch in diesem Zeitraum keine Messtage ausgewählt wurden, ist wohl auch mit der gleichen Zeitspanne zu rechnen, bis sich der Gleichgewichtszustand einstellt. Allerdings muss mehr Brennstoff zugeführt werden, um eine höhere Heiz-

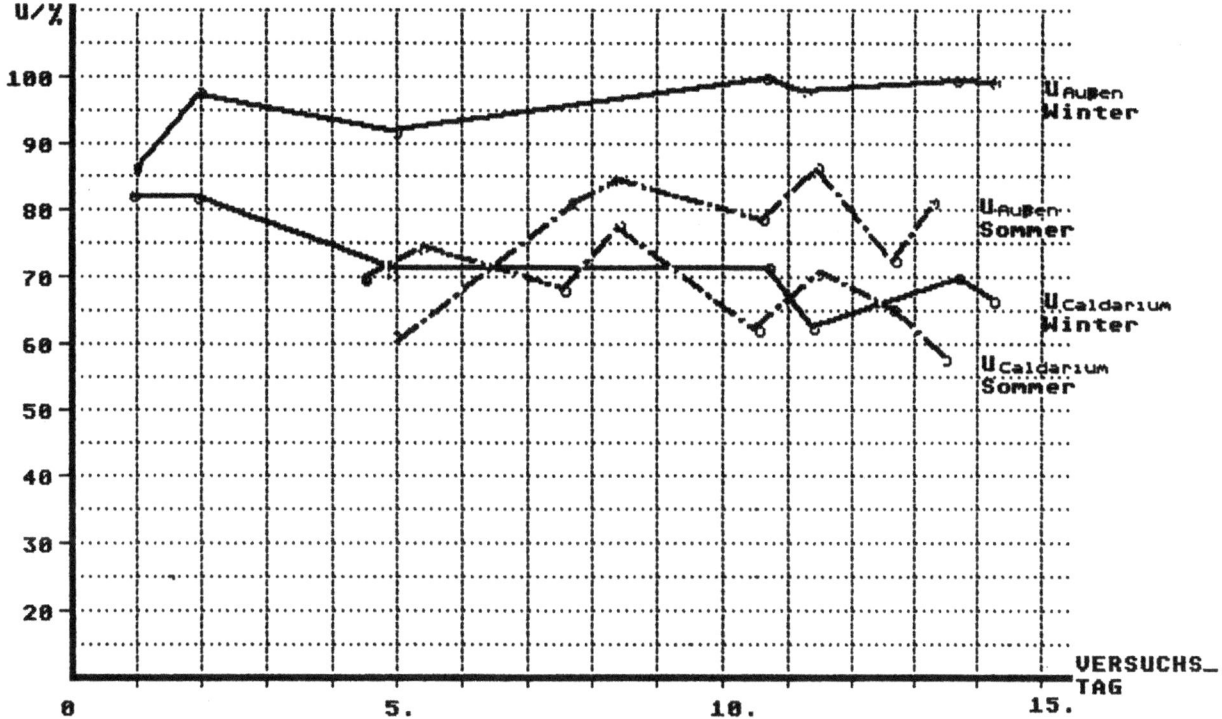

Abbildung 13: Raumluftfeuchte U_{Raum} und Außenluftfeuchte $U_{Außen}$ für die Versuchstage 1 - 14

leistung zu erreichen. Bei dem Versuch von Rook stiegen die Temperaturen steil an. Die Gleichgewichtstemperatur wurde jedoch nicht erreicht, da der Brennstoffeinsatz zu hoch und die Versuchsdauer zu kurz war.

V.2 Die relative Feuchte in den Räumen

Im Diagramm der Abbildung 13 ist der Verlauf der relativen Feuchte der Außenluft und der Raumfeuchte im Caldarium dargestellt. Bei Sommer- und Winterversuch steigt die Außenfeuchte während der Versuchzeit an. Interessant ist, dass bei beiden Versuchen mit zunehmender Raumtemperatur (Diagramm Abb.10), die Raumfeuchte auf Werte zwischen 60 und 70% zurückgeht. Bei Raumtemperaturen von ca. 31°C im Winter bzw. 37°C im Sommer sind das für einen Badebetrieb erträgliche Werte. Der Feuchteanstieg während des Tages beim Sommer-versuch dürfte auf die Wassererwärmung des Alveus während des Heizzyklus zurückzuführen sein. Feuchtemessungen für das Tepidarium erfolgten nicht.

V.3 Die Heizleistung für den Warmwasserkessel

Der Kessel, der 1000 Liter fasst, wurde mit 10°C kaltem Wasser aufgefüllt. Nach guter Durchmischung betrug die Ausgangstemperatur 41,5°C. Nach 24 Stunden wurde die Wassertemperatur mit 79,8°C gemessen. Daraus ergibt sich eine Aufheizung von 1,60°C pro Stunde. Rechnet man diese Werte auf 16 Heizstunden pro Tag um, eine Zeit, die auch etwa der maximalen täglichen Benutzungszeit der Therme entsprach, so ergibt sich die erforderliche Heizenergie:

$E_{Wasserges}$ = (79,8 – 41,5)*1000*1,163 = 44,6 kWh

Über 24 Stunden gemittelt beträgt die Heizleistung zur Wasseraufwärmung Q_{Wasser} = 1,86 kW. Diese Erwärmungsleistung wurde bei einem Gesamt-Holzverbrauch von 120 kg in 24 Stunden erbracht. Bei geringerem Brennstoffverbrauch mit gleichem Heizzyklus sinkt die Erwärmungsleistung entsprechend ab. Die in das Kesselwasser abgegebene Wärmeleistung hängt von der Gastemperatur im Präfurnium ab, die sich wiederum aus der Menge der dem Feuer zugeführten Verbrennungsluft ergibt.

Während des Badebetriebes von maximal 16 h am Tag konnten je Stunde etwa 80 Liter Warmwasser mit einer Temperatur von etwa 40°C verbraucht werden.

V.4 Wassererwärmung im Alveus

In Abbildung 14 sind die Wassertemperaturen des Alveus für die drei Versuchsreihen aufgetragen. Die schnellste Erwärmung fand bei dem Versuch von T. Rook statt, der mit ca. 150 kg Brennholzverbrauch und einem gleichbleibenden Beschickungsabstand von 4 Stunden pro Tag sehr hohe Heizenergien einsetzte. Dabei entspricht der Anstieg der Wassertemperatur etwa dem der Raumtemperatur. Bei dem eigentlichen Sommerversuch wurde, um die Speicherwärme möglichst schnell zu decken, anfangs mit 140 kg pro Tag geheizt. Da für die ersten 5 Tage keine Messwerte vorhanden sind, lässt sich der Temperaturverlauf nicht verfolgen.

Der Alveus hat ein Wasservolumen von 4200 Litern. In den ersten 4 Tagen stieg die Wassertemperatur von 15°C auf 30°C an. Das entspricht einer Temperaturdifferenz von 15°C. Die Heizenergie betrug dabei:

Q_{alv} = 4200*15*1,116 = 70,3 kWh

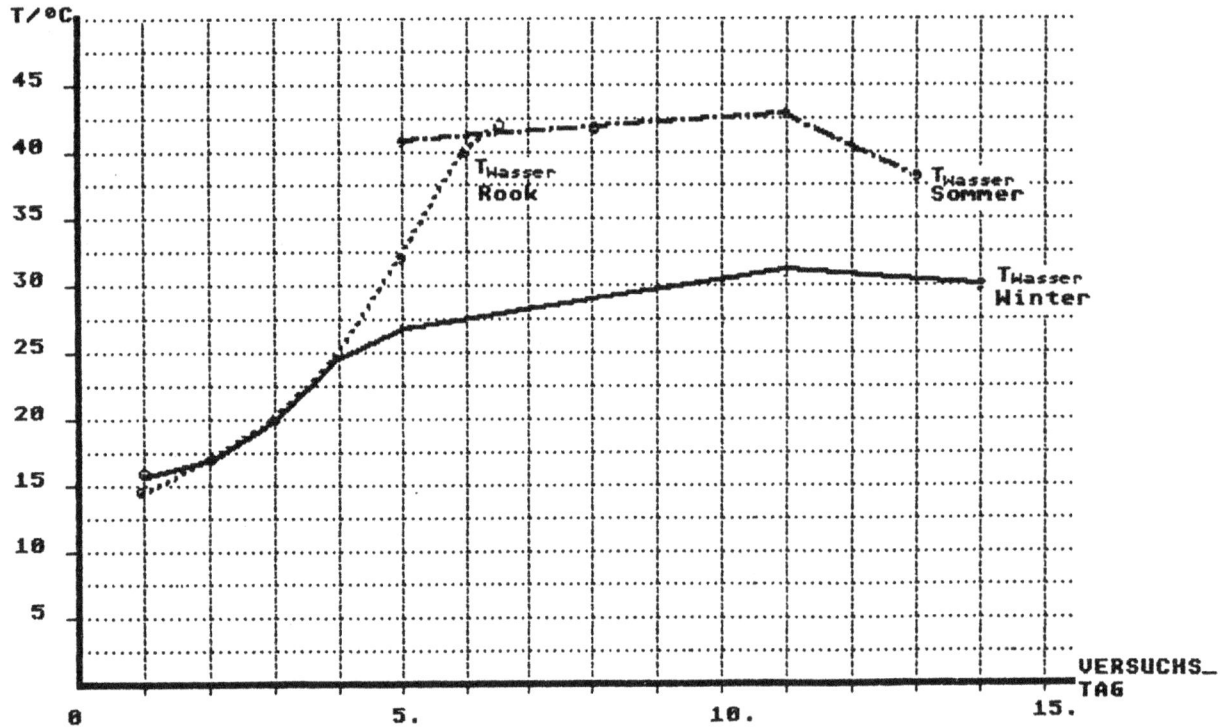

Abbildung 14: Wassererwärmung des Alveus für die Versuchstage 1 - 14

V.5 Der zeitliche CO_2-Verlauf in den Heizgasen

Die Feuerstelle wurde im Durchschnitt alle vier Stunden in der Zeit von 7^{oo} bis 19^{oo} mit einem Viertel der täglichen Brennstoffmenge beschickt. Beim Abbrand ändern sich die Menge der durch die Ofentür dem Feuer zugeführten Luft und damit auch die Temperatur der Heizgase sowie der Luftüberschuss Lambda der Verbrennungsluft. Ursache dafür ist, dass sich infolge des Abbrands Asche bildet, und sich damit die Verbrennungsoberfläche verringert. Durch die Wärmespeichereigenschaften des Hypokaustums bedingt, bleibt aber dort die Temperatur in etwa konstant. Diese Temperatur sorgt auch dafür, dass durch die in den Kaminen aufsteigenden Abluftmengen entsprechend viel Frischluft durch die Feuertüre angesaugt wird.

An verschiedenen Tagen des Winterversuches wurde der CO_2-Gehalt der Heizgase am Punkt (50) in Abb. 11 gemessen. Die Messungen erfolgten zu unterschiedlichen Zeiten nach der Beschickung des Feuers mit Brennstoff. Da die Temperatur- und Gasverteilung über dem Querschnitt des Schachtes, der vom Präfurnium ins Hypo-kaustum führt, nicht gleichmäßig ist, können die gemessenen Werte von den tatsächlichen abweichen. Entsprechend dem Abbrand verändert sich der CO_2-Gehalt der Abgase ganz erheblich. Um näherungsweise den zeitlichen Verlauf des CO_2-Gehalts zu bestimmen, wurden die an verschiedenen Tagen erfolgten Messungen des CO_2-Gehalts in Abb. 15 über der Zeitdifferenz zwischen Beschickung und Messung eingetragen. Durch die Messpunkte wurde dann eine Kurve gelegt, die graphisch integriert, für einen Beschickungszeitraum von jeweils 4 Stunden einen mittleren CO_2-Gehalt von $CO_2 = 2.71\%$ ergibt. Da das Feuer nur 16 Stunden lang beschickt wurde, ergibt sich ein Schätzwert für den mittleren CO_2-

Gehalt von:
$$X_{CO2} = (2.71*16)/24 = 1.81\% \text{ für 24 Stunden}$$
Für über einen Sommer abgelagertes Brennholz mit einem Wassergehalt von $w = 0.40$, einem Kohlenstoffanteil von $c = 0.312$ und einem unteren Heizwert von $Hu = 2832$ Wh beträgt der Anteil des CO_2-Gehaltes an den Verbrennungsgasen:
$$V_{CO2} = 1.867*c = 1.867*0.312 = 0.583 \text{ Nm}^3/\text{kg Holz}$$
(Nm^3 bedeutet Norm- Kubikmeter. Bei definierter Lufttemperatur von 0°C und einem Luftdruck von 1013 mbar entspricht 1 kg Luft = 1 Nm^3)

Der CO_2-Gehalt in den Abgasen ist in %:
$$X_{CO2} = V_{CO2}/V_{Zuluft} = 1.867*c*100/c*8.89*Lambda$$
Erforderlich für die Verbrennung eines kg Buchenholzes sind:
$$V_{luft} = 8.89*c = 8,89*0.312 = 2.774 \text{ Nm}^3 \text{ Frischluft}$$
Aus der Bestimmung des CO_2-Gehaltes X_{CO2} der Abgase (in %) kann der Luftüberschuss Lambda berechnet werden. Der Wert Lambda ist eine dimensionslose Zahl, die angibt, um wie viel Mal mehr Luft dem Feuer zugeführt

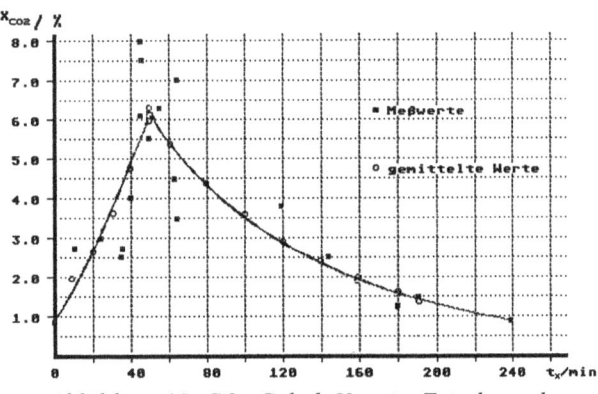

Abbildung 15: CO_2-Gehalt X_{CO2} im Zeitabstand nach Beschickung

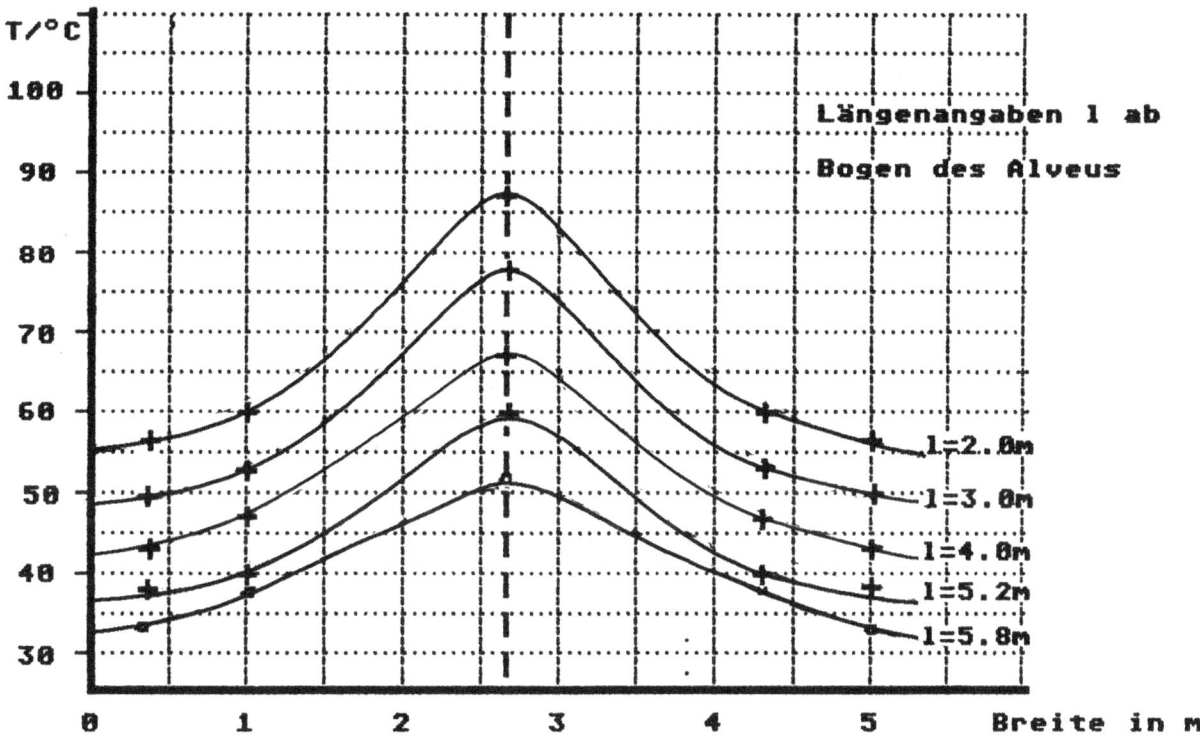

Abbildung 16: Momentane Temperaturverteilung im Hypokaustum quer zur Raumachse

wird, als für die vollkommene Verbrennung der im Brennstoff enthaltenen Anteile von Kohlenstoff und eventuell Wasserstoff erforderlich ist. Als Mittelwert aus den Winterversuchen ergibt sich näherungsweise ein Wert für Lambda = $1.867*100/X_{CO2}*8{,}89 = 11{,}6$.

Das bedeutet, dass eine durchschnittlich 12 Mal größere Luftmenge, als für eine vollkommene Verbrennung erforderlich, mit zusätzlichem Energieaufwand aufgeheizt werden muss. Bei der Art der Befeuerung besteht praktisch keine Möglichkeit den Faktor Lambda zu beeinflussen. Das Gewicht des angesaugten Zuluftvolumens entspricht dabei den bei der Erwärmung sich ausdehnenden Abgasen, die ins Freie gelangen.

V.6 Die Gastemperaturen im Hypokaustum

Die bei der Verbrennung des Holzes entstehende Heizgastemperatur T_{Heiz} hängt von der dem Feuer zugeführten Luftmenge, der Außentemperatur und dem Heizwert des Brennholzes ab. Sie errechnet sich für Werte von Lambda >10 mit guter Genauigkeit zu:

$$T_{heiz} = (Hu/(k_C*c*8.89\ c*8.89*Lambda)) + T_a$$

Dabei ist T_a die Außentemperatur, Hu der Heizwert des Brennstoffes in KWh/kg, (K ist Temperaturangabe in Kelvin, 273K = 0°C), die spezifische Wärmekapazität der Zuluft k_w in Wh/m³*K, die Mindestmenge an Verbrennungsluft beträgt min_{Luft} = 8,89 Nm³/kg. Für Angaben der Luftmengen in Normalkubikmetern gilt:

$$k_C = 0.36\ Wh/m^3*K\ bei\ 0°C$$

Bei gegebener Außentemperatur und Heizwert Hu des Brennstoffes hängt die erreichbare Heizgastemperatur weitgehend von der dem Feuer zugeführten Luftmenge ab, die durch den Luftüberschuss Lambda definiert ist.

Betrachtet man die Temperaturen, die mit einem konstanten unteren Heizwert erzielbar sind, dann gilt:

$$Hu = k_C*c*8.89*Lambda*(T_{Heiz} - T_a)$$

Hier soll die Abhängigkeit der Temperatur T_{Heiz} von Lambda bei konstantem Heizwert Hu dargestellt werden. Aus obiger Formel kann man erkennen, dass bei konstanter Außentemperatur T_a die pro Kilogramm Brennstoff mit einem unteren Heizwert Hu erzeugte Wärme dem Produkt aus Luftüberschuss Lambda und der nutzbaren Temperaturdifferenz $\Delta T = T_{Heiz} - T_a$ proportional ist. Mit derselben Wärmemenge wird entweder eine höhere Gastemperatur bei geringerer Zuluftmenge oder eine niedrigere Temperatur bei größerer Luftzufuhr erzeugt. Die durch das Präfurnium einer römischen Thermenheizung erzeugte Heißluft gibt zuerst Wärme an den Warmwasserkessel über dem Feuer, dann an die Testudo und an das über dem Heizkanal vom Präfurnium zum Hypokaustum liegenden Wasserbecken, den Alveus, ab. Dabei verringert sich ihre Temperatur entsprechend der abgegebenen Leistung. Danach gelangt die Heißluft in das Hypokaustum des Caldariums. In den Xantener Herbergsthermen wird der Luftstrom gleichmäßig verteilt. Ursache dafür ist, dass in den Ecken und oben an den Tubuli des Caldariums sich Abzüge befinden, die zu einem Kaminzug führen. So wird schließlich die Abluft nach außen abgeführt. Durch Wärmeabgabe in den Raum hinein, in den Erdboden und in die Tubuli fällt die Heizgastemperatur nach den Seiten (Abb. 16) und in Richtung Tepidarium (Abb. 17) etwa einer e-Funktion folgend weiter ab. So entsteht gewissermaßen ein Temperaturgebirge, dessen höchster Punkt am Gaseintrittspunkt liegt. Sowohl in der Mitte des Hypokaustums in Richtung zum Tepidarium als auch nach den Wänden hin verringern sich die Temperaturen. Auch entlang der Längswände sinken die Temperaturen ab (Abb. 18).

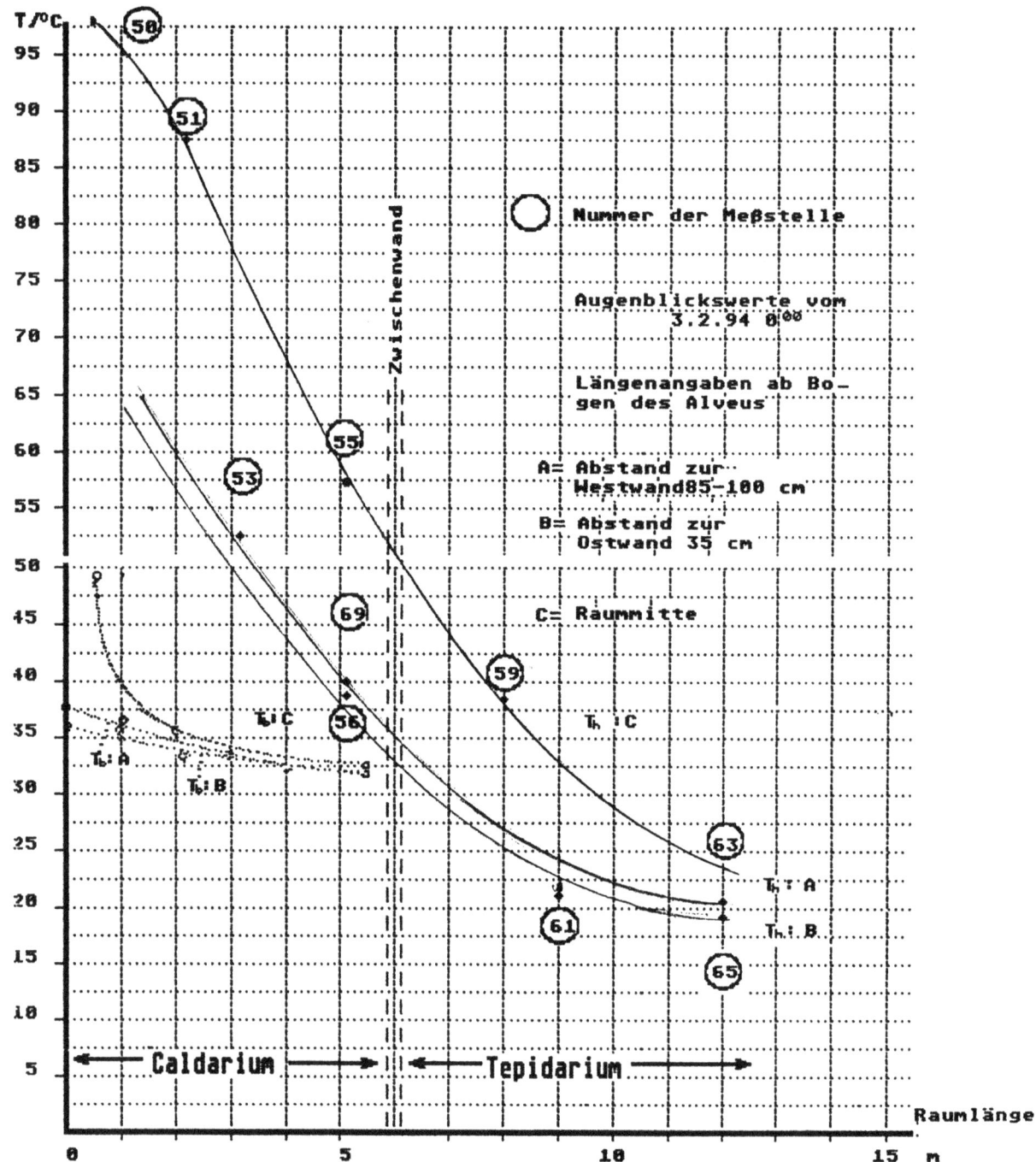

Abbildung 17: Momentaner Verlauf der Heizgastemperaturen im Hypokaustum längs des Raumes

Abbildung 17 zeigt für den 11. Heiztag der Winterversuche den momentanen räumlichen Verlauf der Heizgastemperaturen im Hypokaustum des Caldariums und des sich anschließenden Tepidariums längs der Raummitte. Zusätzlich ist der räumliche Verlauf der Fußbodentemperaturen anhand von Messpunkten in 85 bis 100 cm Abstand zur Westwand des Caldariums und mit etwa 35 cm Abstand zur Ostwand des Tepidariums nach Abbildung 10 dargestellt. Infolge der bereits erwähnten Wärmespeichereigenschaften führt der gemessene räumliche Abfall der Hypokausttemperaturen nur zu einer geringfügigen Abnahme der Temperatur über der Bodenfläche. Die Temperaturunterschiede des Fußbodens führen nur direkt unter dem höchsten Punkt der Gewölbedecke zu einer etwas erhöhten Raumtemperatur. Ansonsten stellen sich Luftströmungen im Raum ein, die einen Temperaturausgleich auf wenige zehntel Grade bewirken. Die gleichmäßige Temperaturverteilung dürfte als angenehm empfunden worden sein. Da das Feuer über einen Heizzyklus von vier Stunden bei fortschreitendem Abbrand des Brennstoffes anfangs Gase mit steigender und dann hoher, später mit absinkender Temperatur liefert, verändert

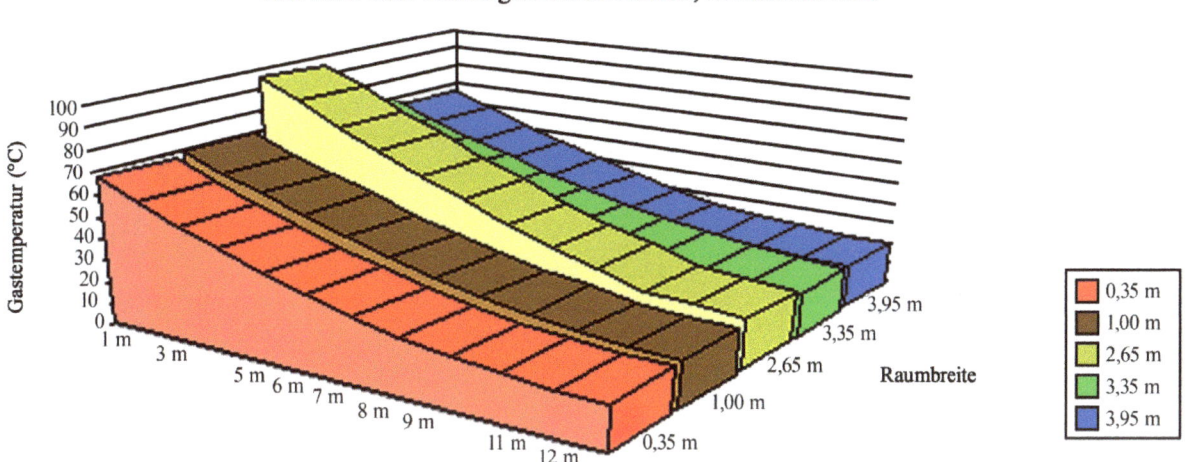

Abbildung 18: Das Temperaturgebirge im Hypokaustum

sich entsprechend auch das Niveau des Temperaturgebirges. Allerdings werden beim Durchströmen des Hypokaustums die Temperaturen in ihrem zeitlichen Verlauf durch das Speicherverhalten der beträchtlichen Stein- und Mörtelmassen aneinander angeglichen. Dabei ergibt sich im Hypokaustum eine Gleichgewichtstemperatur, die auch über die 8 Nachtstunden, bei denen keine Beschickung des Feuers erfolgt, fast konstant bleibt. Zwar weisen die vor allem in der Nähe des Heizkanales gemessenen Gastemperaturen zeitliche Schwankungen auf, doch machen diese sich auf der Oberfläche des Fußbodens wegen dessen Wärmeträgheit kaum bemerkbar.

V.7 Die Abgastemperaturen

Nur im Sommerversuch wurden auf dem Dach die Abgastemperaturen der "Kamine" etwa 50 cm oberhalb ihrer Öffnung gemessen. Das Caldarium besitzt 4 Abzüge in den Ecken und 5 weitere, die im Scheitelpunkt der Tubulatur im Dachgewölbe angebracht sind. Über dem Tepidarium sind weiter 6 Abzüge vorhanden, von denen je 2 in den Längswänden und 2 in der Verbindungswand zum Apodyterium untergebracht sind. Die aus den Scheitelpunkten des Caldariums kommenden Abzüge R6, R7, R9, R10 sowie die aus dem Tepidarium kommenden R4 und R14 waren bei den Messungen verschlossen. Abbildung 19 zeigt für den Sommerversuch die Abgastemperaturen über den "Kaminen" für die einzelnen Versuchstage. Die Messungen erfolgten zu unterschiedlichen Tageszeiten. Die Messtage weichen teilweise von den oben angegebenen ab. Aus dem Caldarium treten Abgase aus, deren Temperaturen deutlich über denen der Außenluft liegen:
a) Die über dem vom Scheitelpunkt der Tubuli kommenden Abzug R8 gemessene Abgastemperatur TR8 hat den höchsten Wert und entspricht etwa der Raumtemperatur T_{iC} des Caldariums.
b) Die Temperaturen TR1, TR2, TR11, TR12 entsprechen der in den Tubuli auftretenden Gastemperatur T_{tC2}.
c) Die über den Kaminen des Tepidariums gemessenen Temperaturen TR3, TR5, TR13 und TR15 entsprechen weitgehend der Außenlufttemperatur. Daraus ist zu schließen, dass bei sommerlichen Außentemperaturen aus dem Tepidarium praktisch keine Abgase austreten.

V.8 Die Temperaturen an den Wänden und in den Tubuli

Um Beschädigungen der bemalten Wandoberflächen durch Bohrlöcher für Messsonden möglichst gering zu halten, wurde nur je eine Messstelle zur Messung der Gastemperaturen T_t in den Tubuli an der Westwand des Caldariums und an der Nordwand des Tepidariums angebracht. Abbildung 20 zeigt die Wandoberflächen-Temperaturen für den Sommer- und den Winterversuch. Die Messsonden sind in 50, 100 und 150 cm über dem Boden übereinander auf dem Putz der Innenwand angeordnet (Abb. 21). Für beide Versuchszeiträume befanden sich die Messstellen an genau derselben Position. Um eine Abschätzung der Gastemperaturen in den Tubuli zu bekommen, wurden die an verschiedenen Wandstellen gemessenen Werte genauer betrachtet. Die Messung der Wandoberflächen-Temperaturen ermöglicht Rückschlüsse auf die Gastemperaturen in den darunter liegenden Tubuli. Es konnten drei verschiedene Kurven festgestellt werden, die gegenüber der Kurve für die Raumtemperatur (Abb. 20) abwichen:
a) Kurvenverlauf über der Raumtemperatur
b) Kurvenverlauf etwa gleich der Raumtemperatur
c) Kurvenverlauf unter der Raumtemperatur
Die Kurven a) und c) verlaufen etwa symmetrisch zur Kurve b). Im Sommer ist der Abstand zwischen den Differenzkurven a) und c) etwa die Hälfte der Werte des Winterversuches.
Hierbei fällt auf, dass die Gastemperatur im Tubulus bei

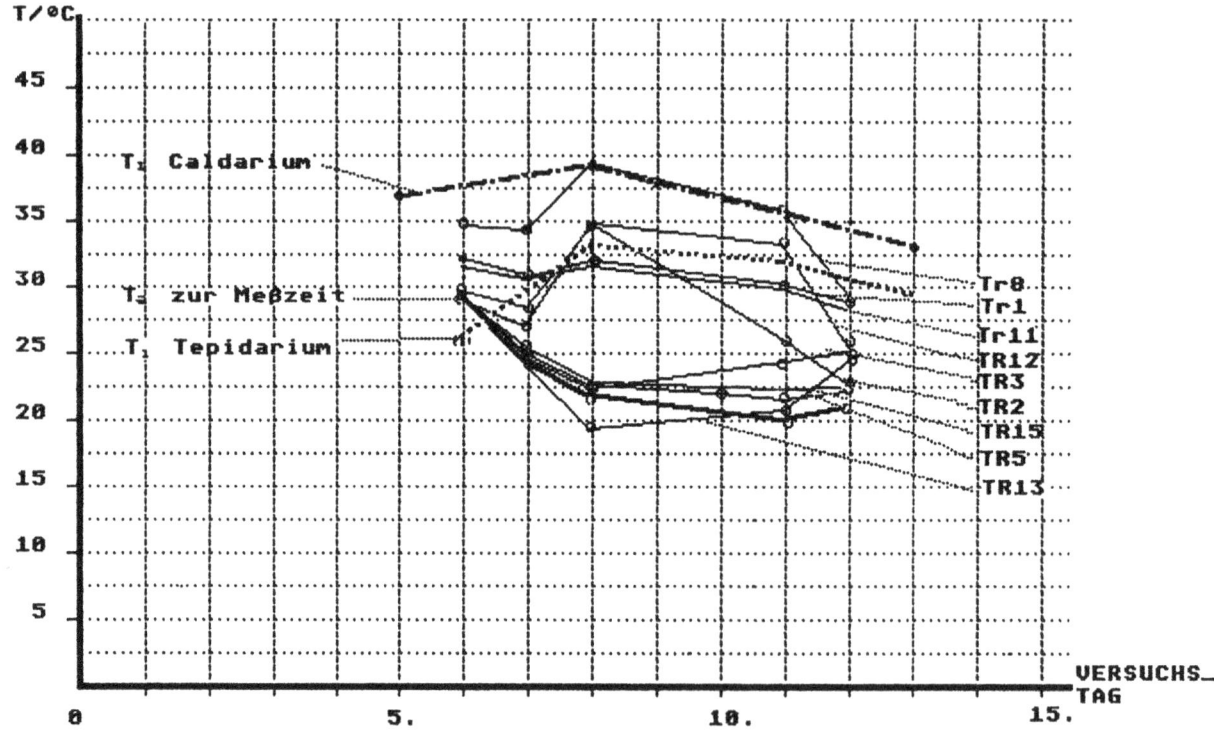

Abbildung 19: Sommerversuch, Abgastemperaturen der "Kamine"

Messpunkt (70) praktisch gleich der Wandoberflächen-Temperatur der Messpunkte (32), (33) und (34) ist (Abb. 10 und Abb. 21). Weiterhin hatten beim Sommerversuch die Kurvenscharen bereits nach dem 5. Versuchstag etwa ihre Scheitelwerte erreicht, während beim Winterversuch die Temperaturwerte noch bis zum 11. Tag anstiegen.

Bei gleichmäßiger Brennstoffzufuhr verhielten sich im Winterversuch alle Temperatur-Messgruppen in ihrer Tendenz genauso wie im Sommer. Da Beschädigungen der Wandoberflächen durch in die Tubuli eingebrachten Temperatursonden vermieden werden mussten, hätten genauere Aussagen über den Verlauf der Gasströmungen in den Tubulisträngen nur durch Infrarotaufnahmen ermittelt werden können. Damit hätte man auch den Temperaturverlauf in den Strängen auf der Wandoberfläche sichtbar machen können. Aber derartige Aufnahmen wurden im Rauminneren nicht vorgenommen. Die Messergebnisse zeigen, dass Gasströmungen sowohl mit einer den Raum heizenden als auch mit einer kühlenden Wirkung in den Tubuli auftreten müssen, die sich jedoch zeitlich und räumlich verändern können. Im einzelnen wurden Unterschiede innerhalb des Winterversuchs deutlich: Für den 11.Versuchstag (3.2.1994) traten bei den Messgruppen I bis V deutliche Temperaturdifferenzen auf: Die Messgruppen I, III, IV und V lagen in ihrer Temperatur höher als die Raumtemperatur, so dass diese Wandbereiche zu einer Erwärmung des Raumes beitrugen ("minus" in Abb. 20). Hier lässt die Temperatur der Wandoberflächen eine Strömungsrichtung nach oben erwarten. Bei den Messgruppen II und IV lagen die Wandtemperaturen unter der Raumtemperatur, so dass eine Erwärmung der in den Tubuli strömenden Gase vom Raum her durch die Wand und eine Strömungsrichtung nach unten anzunehmen sind.

Bei den Werten vom 14. Versuchstag (6.2.1994) waren bis auf die Messgruppe I, die am nächsten zum Heizkanal liegt, kaum Temperaturdifferenzen zwischen oberen und unteren Messsonden festzustellen. Das abweichende Verhalten des 14. Versuchstages einschließlich der in etwa gleich gebliebenen Temperaturen der Messgruppen III und V dürften darauf zurückzuführen sein, dass ab dem 11. Versuchstag die Brennholzzufuhr reduziert wurde. Dadurch wurde die Gasströmung in den Tubuli geringer, transportierte weniger Wärme und verteilte sich anders.

V.9 Holzverbrauch in Abhängigkeit von Feuerführung und Temperaturverhalten

Abb. 22 zeigt den Holzverbrauch G_{Holz} bei den Versuchsreihen zur Beheizung des Caldariums und Tepidariums. Zur besseren Beurteilung des Holzverbrauchs ist auch die Temperaturdifferenz $\Delta T = T_i - T_a$ eingetragen. Sie ist weitgehend der Wärmeleistung proportional, die als Verlustwärme aus den Räumen der Therme in die Umgebung abgegeben wird. Sowohl bei den Sommer- als auch bei den Winterversuchen lagen anfangs die Außentemperaturen T_a niedriger als die Raumtemperaturen T_i. Der Brennholzverbrauch wurde vom ersten Tag an erfasst. Im betrachteten Zeitraum lagen die Außentemperaturen T_a im Mittel für den Winterversuch etwa zwischen 0°C und 7°C, und für den Sommerversuch etwa zwischen 16°C und 25°C. Im Winterversuch stellte sich bei einem mittleren Brennholzeinsatz von 120 kg pro Tag nach ca. 6 Tagen das Temperaturgleichgewicht ein. Ab dem 11. Versuchstag sank DeltaT nach einem auf ca. 100 kg/Tag verminderten Brennholzeinsatz geringfügig ab. Im thermischen Gleichgewichtszustand betrug im Winterversuch nach Abb. 24 der Brennholzverbrauch bei einer Raumtemperatur von Ti = ca. 31°C um die 102 kg/Tag. Im

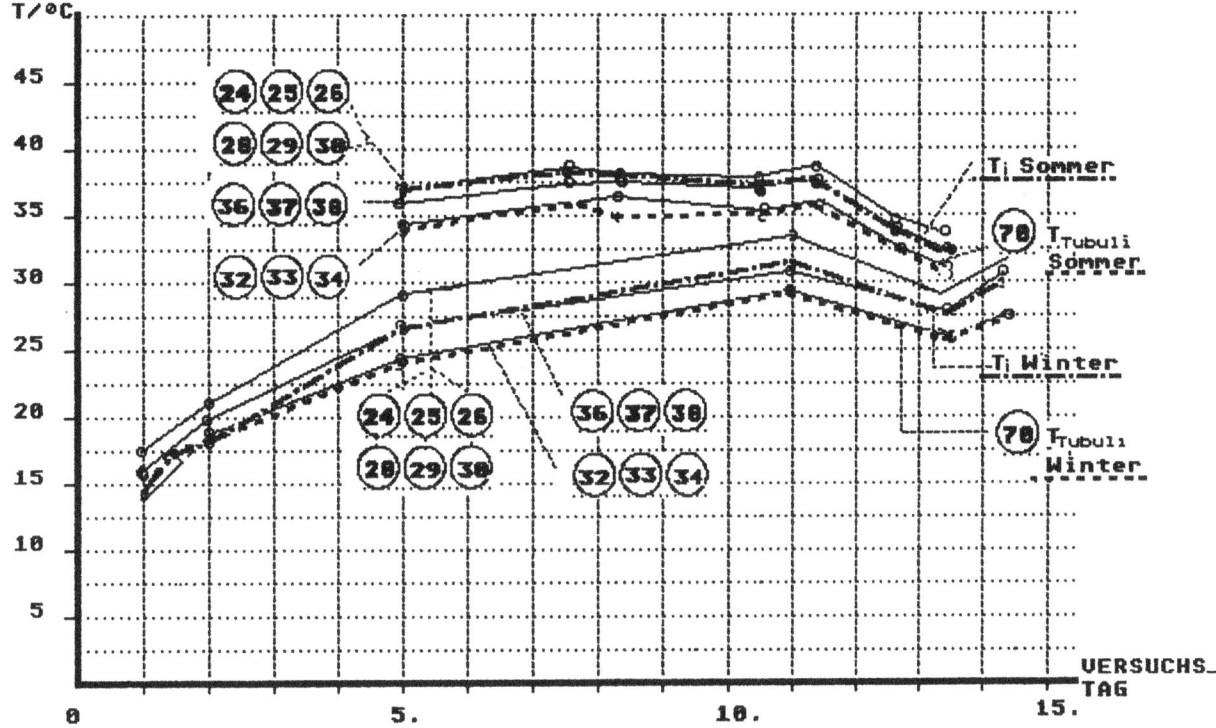

Abbildung 20: Oberflächentemperaturen an verschiedenen Messpunkten auf den tubulierten Wänden

Sommerversuch nach Abb. 23 begann erst mit dem 5. Versuchstag die Auswertung der Temperaturmessungen. Mit einem von maximal 150 kg auf knapp 100 kg pro Tag absinkenden Brennholzverbrauch wurde nach etwa 7 Tagen das thermische Gleichgewicht nahezu erreicht. Ohne merkliches Absinken der bei etwa 37°C liegenden Raumtemperatur des Caldariums konnte im weiteren Verlauf der tägliche Holzverbrauch bis auf 67 kg am 11. Versuchstag gesenkt werden. Bei Unterschreiten dieses Verbrauchswertes verminderte sich die Raumtemperatur. Der mittlere Holzverbrauch kann für den thermischen Gleichgewichtszustand mit ca. 65 kg pro Tag angenommen werden. Da das Caldarium mit der Raumtemperatur von 37°C gegenüber dem Winterversuch mit 31°C stark

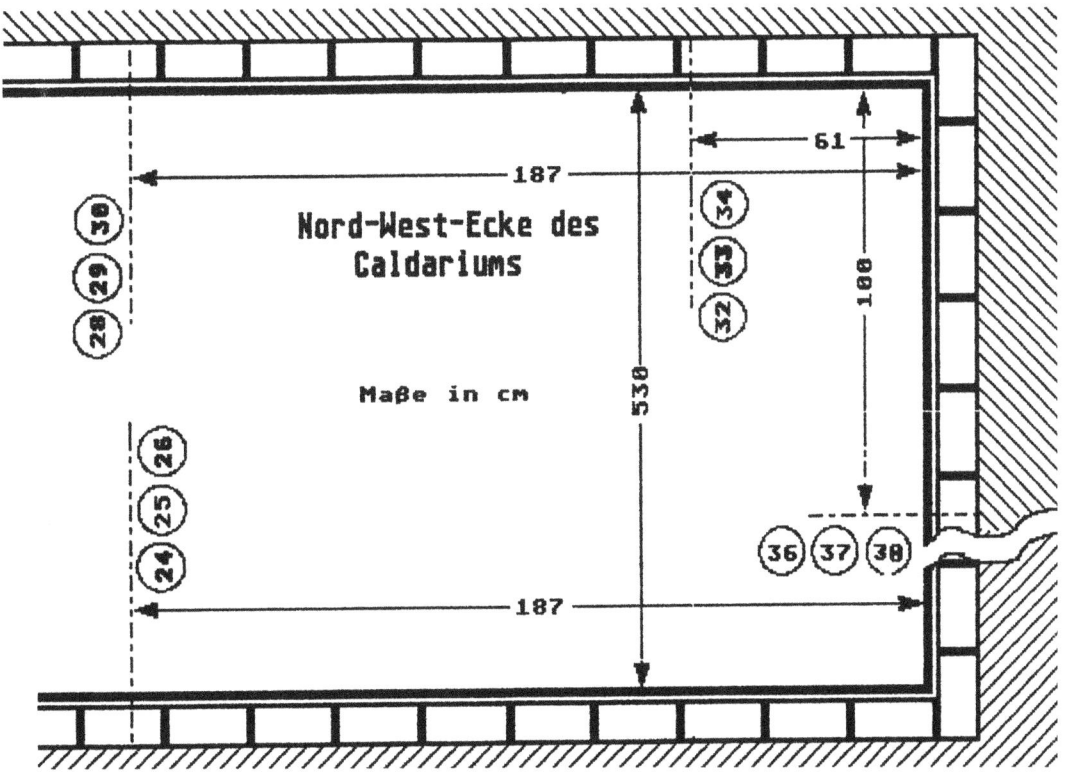

Abbildung 21: Zuordnung der Messstellen zu den unter der Wandoberfläche befindlichen Tubuli

überheizt war, würde bei dem gleichen Temperaturniveau des Caldariums wie im Winter der tägliche Holzverbrauch schätzungsweise nur ca. 50 kg betragen.

Bei beiden Versuchsreihen machen sich die großen Wärmespeichermassen des Hypokaustums derart bemerkbar, dass sich die Temperaturwerte in den Räumen bei Änderung sowohl der Außentemperatur als auch des täglichen Holzverbrauches nur sehr langsam ändern.

Messdatum	3.2. Messwerte	6.2. Messwerte
Raumtemperatur T_i	31.9°C	28.3°C
linke Wand		
Messgruppe I: (16), (17), (18)	40.8°C	37.0°C
Temperatur nach oben	abfallend	abfallend
Temperaturdifferenz:	-1.20°C	-1.70°C
Messgruppe II: (20), (21), (22)	25.4°C	24.4°C
Temperatur nach oben	ansteigend	ansteigend
Temperaturdifferenz:	0.65°C	0.75°C
Messgruppe III: (28), (29), (30)	33.5°C	30.5°C
Temperatur nach oben	abfallend	gleich
Temperaturdifferenz:	-1.05°C	0.00°C
Messgruppe IV: (32), (33), (34)	28.7°C	26.8°C
Temperatur nach oben	abfallend	fast gleich
Temperaturdifferenz:	-2.30°C	-0.20°C
Gastemperatur im Tubulus (70)	28.7°C	26.7°C
Bodentemperatur (31)	30.2°C	29.0°C
rechte Wand		
Messgruppe V: (24), (25), (26)	33.5°C	30.5°C
Temperatur nach oben	abfallend	gleich
Temperaturdifferenz:	-1.05°C	0.00°C
Bodentemperatur (23)	32.3°C	29.4°C
Stirnwand Ost		
Messgruppe VI: (36), (37), (38)	30.6°C	29.1°C
Temperatur nach oben	fast gleich	fast gleich
Temperaturdifferenz:	0.25°C	0.20°C
Bodentemperatur (35)	32.1°C	30.2°C
Hypokausttemperatur (69)	41.3°C	37.3°C

Tabelle 1: Wandoberflächentemperaturen im Winterversuch, Messgruppen im Caldarium in Blickrichtung nach Norden

V.10 Fußboden- und Hypokausttemperatur

Eine übersichtliche Zuordnung der vielen Messwerte zueinander ist nur dadurch möglich, dass aus Mittelwerten gebildete Kurven in Diagrammen zusammengestellt werden. Da bei den Xantener Versuchen nur wenige Versuchstage ausgewertet wurden, können die tatsächlichen Werte bei dem geradlinigen Kurvenverlauf zwischen den Messpunkten für die definierten Versuchstage Abweichungen aufweisen. Um für die einzelnen Versuchstage aussagefähige Mittelwerte aus den vielen, zu unterschiedlichen Tageszeiten mit räumlich weit verteilten Fühlern gewonnenen Temperatur-Messwerten zu bekommen, mussten diese nach Zeit und Raumflächen integriert werden.

Da mit den verfügbaren Messergebnissen eine derartige Integration nicht durchführbar war, wurden als Näherung arithmetische Mittelwerte gebildet. Auf die Darstellung der mittleren Wandtemperatur T_w in Kurvenform wird hier verzichtet, da die Messpunkte für eine Mittelwertsbildung der Wandtemperaturen zu ungleichmäßig verteilt waren.

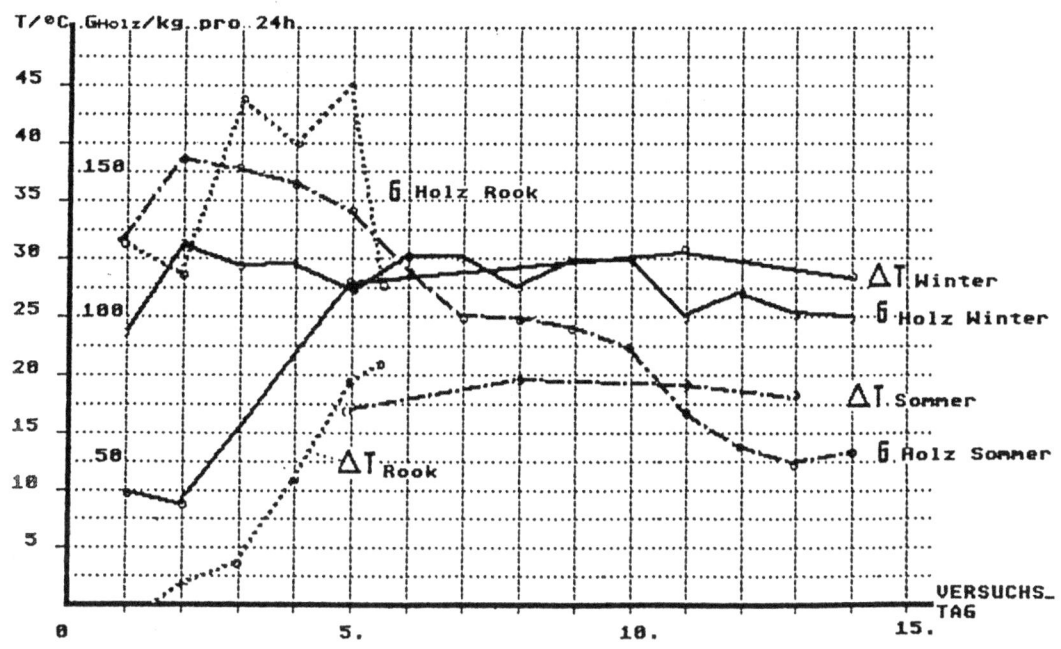

Abbildung 22: Holzverbrauch G_{Holz} und Temperaturdifferenz Delta T = TiC - Ta

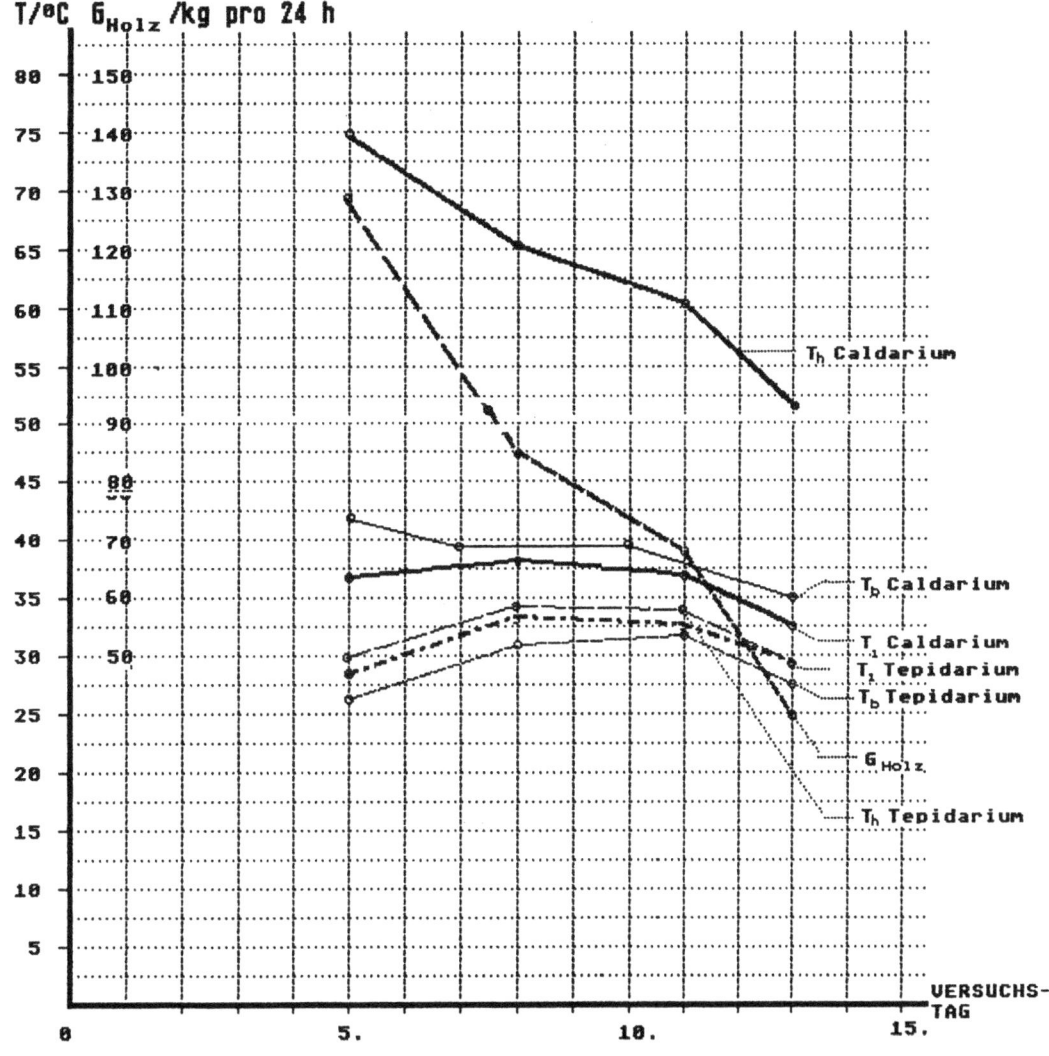

Abbildung 23: Sommerversuch. Mittelwerte der Raumtemperatur Ti, der Bodentemperatur Tb, der Hypokaust-Gastemperatur Th sowie Brennholzverbrauch G_{Holz}

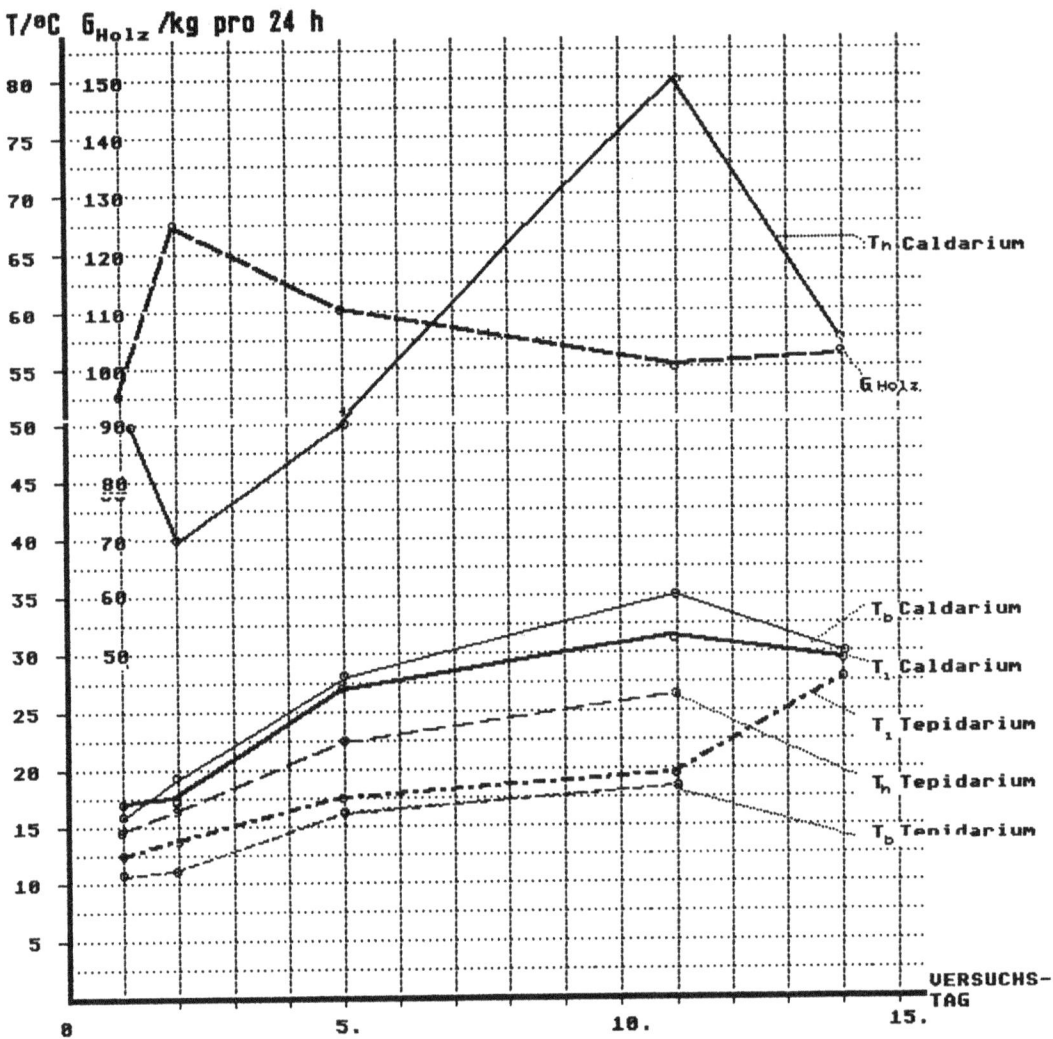

Abbildung 24: Winterversuch. Mittelwerte der Raumtemperatur Ti, Bodentemperatur Tb, Hypokaust-Gastemperatur Th sowie Brennholzverbrauch G_{Holz}

Für Caldarium und Tepidarium sind die Fußbodentemperatur T_b, die Hypokaustgastemperatur T_h, die Raumtemperatur T_i und der Holzverbrauch G_{Holz} für die verschiedenen Versuchstage sowohl für den Sommerversuch in Abbildung 23 als auch für den Winterversuch in Abbildung 24 dargestellt.

Die Hypokaustgastemperaturen T_h werden durch die Temperaturen der aus dem Präfurnium kommenden Gase bestimmt, die weitgehend von unterschiedlichen Zeitdifferenzen zwischen Beschickung des Feuers und der Messung, sowie von der dem Feuer zugeführten Luftmenge beeinflusst werden. Daher weisen die Hypokaustgastemperaturen erhebliche Schwankungen gegenüber der dem Brennholzverbrauch G_{Holz} proportionalen Heizenergie auf. Da die Bodentemperaturen T_b durch die Wärmespeichereigenschaft der Suspensura thermisch träge sind, dürften die hierfür errechneten Mittelwerte den tatsächlichen Werten nahe kommen. Im Caldarium liegt die Bodentemperatur T_{bC} bei beiden Versuchen über der Raumtemperatur T_{iC}. Die mittleren Wandtemperaturen liegen, soweit feststellbar, jedoch etwas unter der Raumtemperatur. Demzufolge wird im Winterversuch dieser Raum nur durch den Fußboden, im Sommerversuch hingegen durch Fußboden und geringfügig durch die tubulierten Wände beheizt. Im Tepidarium liegt die Raumtemperatur T_{iT} in beiden Versuchen etwas über der Bodentemperatur T_{bT}. Dieser Raum wird also hauptsächlich durch den Fußboden, zum kleineren Teil durch die tubulierte Verbindungswand zum Caldarium erwärmt. Die übrigen Wände sind nicht tubuliert und tragen nichts zur Beheizung bei.

V.11 Die Beschickung des Feuers

Aus den Messprotokollen sind zwar die jeweils eingebrachten Holzmengen sowie Angaben über den Verbrennungszustand des Feuers ersichtlich, jedoch erhält man daraus keine quantitative Angabe für die dem Feuer zugeführte Luftmenge, die durch den Wert des Luftüberschusses Lambda ausgedrückt wird. Das Hypokaustum mit Pfeilern und Supensura sowie die Gebäudewandungen gleichen durch ihre großen Wärmespeichereigenschaften unterschiedliche Heiztemperaturen aus. Die aufgebrachte Heizenergie Q_{ges} ist proportional dem Produkt aus Heizgastemperatur T_{Heiz} mal der spezifischen Wärmekapazität k_C und der zugeführten Luftmenge V_{Heiz}:

$Hu = k_C * c * 8.89 * Lambda * (T_{Heiz} - T_a)$
$V_{Heiz} = Hu/k_C * (T_{Heiz} - T_a)$ in Nm³/kg h
$Q_{ges} = G_{Holz} * k_C * V_{Heiz} * (T_{Heiz} - T_{abluft})$

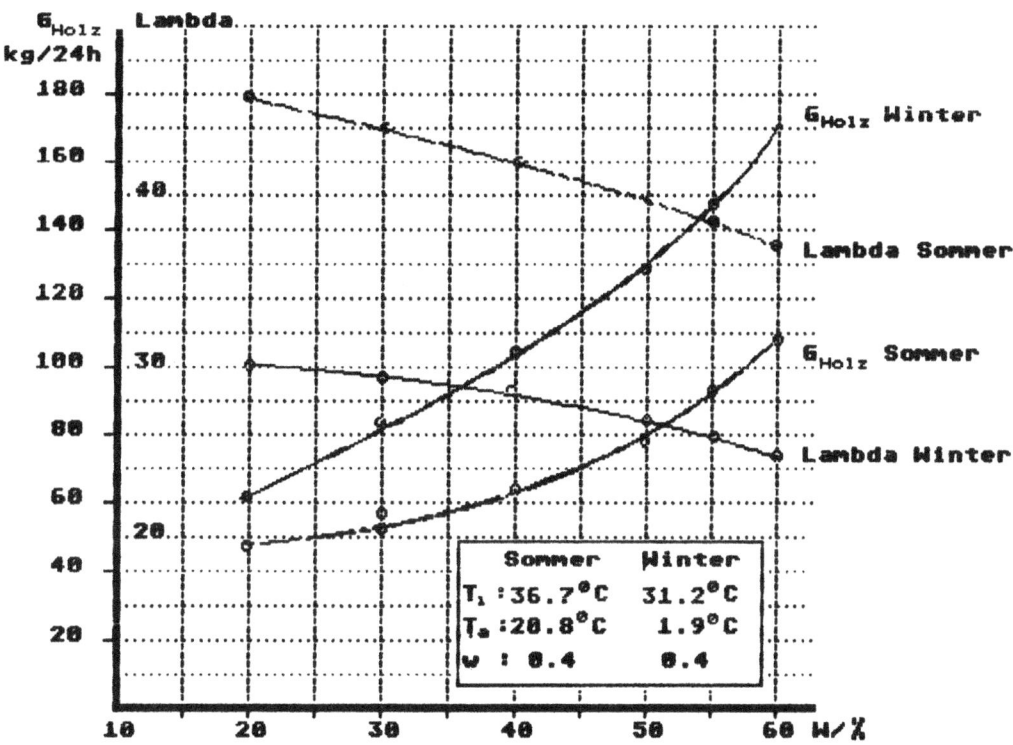

Abbildung 25: Einfluss der Holzfeuchte auf den täglichen Holzverbrauch

Bei Angabe der Luftmenge V_{Heiz} in Nm³ ist $k_C = 0.36$ Wh/K*m³ (c = Anteil des Kohlenstoffes pro kg Brennstoff in kg/kg).

Der sich durch die Kaminwirkung einstellende Luftzug führt hauptsächlich über die Luftklappen an der Beschickungstür dem Feuer Verbrennungsluft zu. Vom Präfurnium kann daher die notwendige Heizenergie entweder mit hoher Temperatur und kleiner Luftmenge oder mit niederer Temperatur und großer Luftmenge geliefert werden. Im letzteren Fall darf aber die Heiztemperatur nicht die erforderliche mittlere Hypoausttemperatur unterschreiten. Am Boden des Hypokaustums befinden sich Gase, deren Temperatur niedriger als unter der Suspensura ist. Diese noch sauerstoffhaltigen Gase, die aus den Tubulaturen zurückströmen, werden zusätzlich zu der durch die Türschlitze kommenden Frischluft von der heißen Feuerstelle angesaugt. Besonders bei den Sommerversuchen fällt auf, dass bei einem Holzverbrauch von ca. 65 bis 120 kg pro Tag bei etwa konstanter Außentemperatur eine praktisch gleiche Raumtemperatur erzielt wurde. Das ist auf das Wärmespeicherverhalten der Steinmassen zurückzuführen. Aus den ermittelten Messdaten kann dafür keine andere Erklärung gefunden werden.

V.12 Der Einfluss der Holzfeuchte

Der Wassergehalt hat wesentlichen Einfluss auf den unteren Heizwert Q_{Heiz} des Brennholzes. Abhängig von der Lagerung des Brennholzes werden in der Broschüre "Heizen mit Holz"[1] folgende mittlere Holzfeuchten angegeben:

Zustand des Holzes	Wassergehalt	Heizwert (Hu)
waldfrisch	50 - 60 %	ca. 2.0 kWh/kg
einen Sommer gelagert	25 - 35 %	3.73 - 3.14 kWh/kg
mehrere Jahre gelagert	15 - 25 %	4.32 - 3.73 kWh/kg

Messdaten für den Wassergehalt des bei den Versuchen verwendeten Brennholzes lagen nicht vor. Es wurde lediglich angegeben, dass das Holz etwas abgelagert gewesen sei. Aus Abbildung 25 ist die Veränderung des täglichen Holzverbrauches zu erkennen, die an den Versuchstagen 5.7.1993 im Sommerversuch und 3.2.1994 im Winterversuch eingetreten wäre, wenn man Holz mit einer anderen Feuchte w verwendet hätte. Ausgegangen wurde von einer Holzfeuchte von 40% (w = 0.4), bezogen auf das Gesamtgewicht. Dafür beträgt der untere Heizwert Hu Q_{Heiz} = 2,832 kW/kg Brennholz. Dieser Feuchte entspricht Holz, das knapp über einen Sommer gelagert worden ist. An Verbrennungsluft werden dafür V^*_{heiz} = 2,774 Nm³ pro kg Holz benötigt. Diese Werte werden einer Wärmebedarfsrechnung zugrunde gelegt, für die teilweise die Vorschrift DIN 4701 verwendet wurde. Dabei wird vorausgesetzt, dass die Temperaturen der Bauteile und der umgebenden Luft im Gleichgewichtszustand sind. Auf- oder Abkühlungsvorgänge werden dabei nicht berücksichtigt. Als Ergebnis dieser Untersuchungen, kann festgestellt werden, dass die Lagerzeit und damit der Feuchtegehalt des Brennholzes einen wesentlichen Einfluss auf den Holzverbrauch für eine vorgegebene Heizleistung hat. Der Heizwert unterschiedlicher Holzsorten ist dabei etwa gleich.

---

[1] A. Jonas u. F. Görtler, Heizen mit Holz, Landwirtschaftskammer Ober-Österreich, Linz, 2.Auflage 1989

V.13 Energiebilanz

Es wurde der Wärmebedarf für den Sommerversuch vom 5.7.93 und den Winterversuch vom 3.2.94 für den Heizraum, das Caldarium und das Tepidarium ermittelt. In den im Anhang befindlichen Blättern formx021, formx022 und formx032 für den Sommerversuch und in formx011, formx021 und formx031 für den Winterversuch sind die Berechnungen für die einzelnen Raumelemente vorgenommen. Aus den Messwerten kann man entnehmen, dass die Temperatur der in den Tubuli strömenden Gase etwa gleich der Raumtemperatur ist. Für die Berechnung wurde daher die den Raum umschließende Tubulatur nicht berücksichtigt. Für die beiden Versuche ergibt sich aus den ermittelten Messwerten folgender Wärmebedarf: $Q^*_{ges} = Q_{ges} + Q_{Abluft}$

Aus dem stündlichen Holzverbrauch, der Differenz aus der Ablufttemperatur, die hier etwa der Raumtemperatur T_{ides} Caldariums entspricht, und der Außentemperatur T_a sowie der Luftmenge V_{heiz}, die pro Kilogramm Holz für die Verbrennung erforderlich ist, können die Abluftverluste Q_{Abluft} ermittelt werden. Die aus dem Holz bei der Verbrennung zusätzlich zur zugeführten Frischluft entweichenden Gasanteile sind geringfügig und können bei dem relativ hohen Luftüberschuss Lambda vernachlässigt werden. Dabei bedeutet Q_{ges} die in die Gebäudeteile abgegebene Wärmemenge. Da die Abluftverluste erst nach Ermitteln von Q_{ges} bestimmt werden können, ergibt sich dann die gesamte vom Feuer zu liefernde Wärmemenge:

$Q^*_{ges}: Q_{Abluft} = (V^*_{heiz} * 0.36 * (T_i - T_a) * Lambda * (G_{Holz}/24)$

	Sommerversuch	Winterversuch
T_i	36.7°C	31.2°C
T_a	20.8°C	01.9 °C
$(T_i - T_a)$	15.9°C	29.3°C
V^*_{heiz}	2.774 Nm³/kg	2.774 Nm³/kg
G_{Holz}	63 kg	102 kg
Lambda	12	12
Q_{Abluft}	500 W	1492 W

Verbraucher	Wärmebedarf in W und in % Sommerversuch		Wärmebedarf in W und in % Winterversuch	
Heizraum	954	12.3	1802	15.0
Caldarium	419	31.3	4016	33.4
Tepidarium	2597	07.7	956	08.0
Lüftungswärme	1305	16.9	631	05.3
Kesselwassererwärmung	1148	14.8	1860	15.5
Alveuswassererwärmung	457	05.9	683	05.7
Feuerstellenverluste	352	04.6	570	04.7
Wärmebedarf Q_{ges}	7232	93.5	10518	87.6
Abluftverluste Q_{Abluft}	500	06.5	1492	12.4
Gesamter Wärmebedarf Q	**7732**	**100.0**	**12010**	**100.0**

Tabelle 2: Gesamtwärmebedarf, Herbergsthermen Xanten

Legt man den unteren Heizwert des Holzes, wie oben beschrieben mit Q_{Heiz} = 2832 W pro kg Brennholz fest, so ergibt sich ein Holzverbrauch in 24 Stunden, wie er nebenstehend aufgeführt wird. Obwohl der Luftüberschuss Lambda, die Holzfeuchte w und die Heizraumtemperatur, die der Innentemperatur des Tepidariums gleichgesetzt wurde, für die Berechnungen abgeschätzt werden mussten und der Einfluss des Wärmeverhaltens der Speichermassen aus den Messungen nicht erfassbar war, ergab sich eine recht gute Übereinstimmung zwischen Rechnung und Messung:

	Sommerversuch	Winterversuch
berechnet:	65,6 kg/24 h	101,8 kg/24 h
gemessen:	62,7 kg/24 h	102,0 kg/24 h

VI. Zusammenfassung der heizungstechnischen Untersuchungen in den Xantener Herbergsthermen

Bei den Heizversuchen wurde eine Vielzahl von Daten gemessen. Da ein großer Teil der Daten von fortlaufend schreibenden Geräten registriert wurde, war es nötig, sich für die Auswertung auf einige Messtage und -zeiten zu beschränken. Zur besseren Übersicht wurden Werte verschiedener Messpunkte arithmetisch gemittelt, soweit dies sinnvoll war. Einige wichtige Daten, wie Heißluftmengen, Luftüberschuss bei der Verbrennung, Wasser- und Gastemperaturen wurden in den Versuchen nicht erfasst, da entweder die Messungen nicht mit einem vertretbaren Aufwand durchführbar oder entsprechende Messeinrichtungen nicht verfügbar waren. Auch die nur sporadisch erfolgten CO_2-Messungen lassen eine lediglich näherungsweise Aussage zu. Andererseits hat die Vielzahl von Messwerten, die bei den Heizversuchen in den Herbergsthermen ermittelt wurden, eine ausführliche Wärmebedarfsrechnung ermöglicht, deren Ergebnisse überraschend gut mit den Messergebnissen übereinstimmen. Dies trifft besonders für die Ermittlung des Holzverbrauches zu. Im Winterversuch war die für das Caldarium erwartete Raumtemperatur von etwa 32°C gut zu erreichen, während bei dem Sommerversuch mit ca. 37°C stark überheizt wurde. Die Raumtemperaturen im Tepidarium lagen im Winter recht niedrig. Die im Hypokaustsystem fließenden Gase hatten nicht mehr genügend Heizkraft, um das Tepidarium auf eine angenehme Temperatur von über 20 °C zu bringen. Um in diesem Raum eine höhere Temperatur zu erzielen, wurde daher die

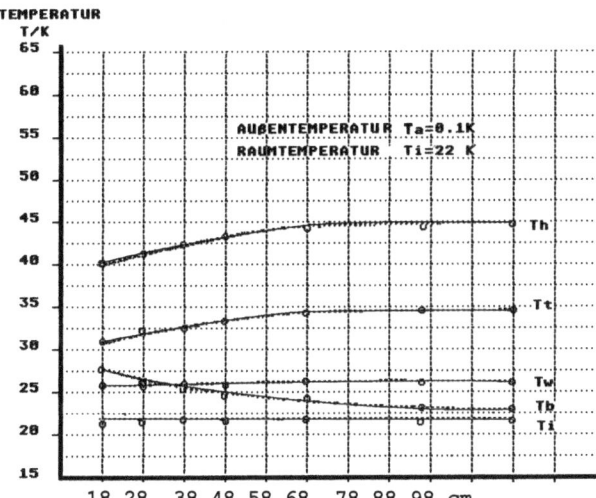

Abbildung 26: Verlauf der Temperaturen der Hypokaust- und Tubuligase (Th und Tt) sowie des Bodens und tubulierter Wände (Tb und Tw) bei Ti = konstant (Vgl. S. 39)

Verbindungstür zum Caldarium in den letzten Versuchstagen spaltweise geöffnet. Es zeigte sich, dass es für die antiken Baumeister wohl schwierig war, ein gleichmäßig wirksames Heizsystem mit einem Präfurnium für zwei zu beheizende Räume auszulegen. Bei deutlich verschiedenen Außentemperaturen, besonders im Winter, ergaben sich erhebliche Abweichungen für die anzustrebenden Innentemperaturen.

Da im Sommerversuch praktisch kein Entweichen von Abgasen aus den Kaminen des Tepidariums feststellbar war, ist es sehr wahrscheinlich, dass in der Antike die Herbergsthermen - auch über dem Caldarium - wesentlich weniger Kamine besaßen als die moderne Rekonstruktion. Dadurch wäre ein größerer Gasanteil mit höherer Temperatur in das Hypokaustum des Tepidariums gelangt. Dessen Raumtemperatur wäre dadurch etwas erhöht worden. Es waren wohl nur so viele Abzugskamine vorhanden, wie zur gleichmäßigen Verteilung der Heizgase im Hypokaustum notwendig waren. Wie die Wärmebedarfsrechnung zeigt, müssen in den Tubuli zusätzlich zu der angesaugten Verbrennungsluft Gasströmungen entstehen, um die Wärmeverluste in der Decke und den Wänden zu decken. Sie transportieren Wärme aus dem Hypokaustum in die Tubuli und durch sie in die betreffenden Wände. An den Wänden des Caldariums können Temperaturunterschiede festgestellt werden, die Rückschlüsse auf die in den Tubuli zirkulierenden Gasströmungen zulassen. Danach ist anzunehmen, dass in den Tubuli, deren Oberflächentemperatur höher als die Raumtemperatur ist, heiße Gase nach oben aufsteigen. Liegen die entsprechenden Wandtemperaturen niedriger als die Raumtemperatur, so müssen Gase von oben nach unten strömen. Leider wurden bei der Festlegung der Temperatur-Messpunkte an den tubulierten Wänden in den Xantener Herbergsthermen keine Maßnahmen vorgesehen, mit denen das Auftreten der von Hüser bei seinen Heizversuchen auf der Saalburg beobachtete Temperaturstreifigkeit hätte festgestellt werden können.

Der Feuchtegehalt des Brennholzes hat einen großen Einfluss auf den täglichen Holzverbrauch. Da keine entsprechenden Messungen erfolgten, kann der Abgaswirkungsgrad nur annähernd berechnet werden. Der Abgaswirkungsgrad Eta_{Abgas} ist der Quotient aus der Nutzwärmemenge Q_{ges} und der Gesamtwärmemenge Q^*_{ges}:

$$Eta_{Abgas} = Q_{ges} / Q^*_{ges}$$

Mit Werten zwischen 88 und 93% erreicht er die Größenordnung moderner Heizungsanlagen.

Da in der Antike kaum temperaturfeste wärmeisolierende Baumaterialien vorhanden waren (die Gewölbedecke des Xantener Caldariums ist mit Mineralfasermatten ahistorisch rekonstruiert), ergeben sich in den Böden des Hypokaustums zum Erdreich hin und in der Feuerstelle erhebliche Wärmeverluste. Mit modernen Baumaterialien könnten sie wesentlich geringer gehalten werden. Die guten Abgaswirkungsgrade sind das Resultat des niedrigen Temperaturniveaus der Heizgase, die die Wärme transportieren. Das Heizsystem kann als Vorläufer einer modernen Speicherheizung im Niedertemperaturbereich angesehen werden.

Häufig kann man in der Literatur Angaben finden, dass die Hypokaustheizung mit tubulierten Wänden im Wesentlichen eine Strahlungsheizung darstelle. Dies ist nicht ganz richtig: Bei einer Raumtemperatur von 20°C und gleicher Wandtemperatur tritt keine Strahlungserwärmung auf. Wird ein Raum zusätzlich durch tubulierte Wände beheizt, so liegt im Mittel die Wandtemperatur etwas höher. Da bei Thermenräumen aber Temperaturen von 25°C bis 32°C angestrebt werden, wird mit Wandtemperaturen die höher als 20°C sind, zunehmend eine Wärmestrahlung wirksam (Abb. 26). Der gesamte Raum des Caldariums der Herbergsthermen wird von einer aus Hypokaustum und Tubuli gebildeten Warmluftschale umgeben, deren Wandtemperaturen etwa gleich der Raumtemperatur sind. Auch die Bodentemperatur ist nur geringfügig höher. Nach den Messungen steigen beim Anheizen die Raum- und Wandtemperaturen gleichmäßig ohne merkliche Temperaturdifferenzen, so dass in dieser Phase erst eine zusätzliche Strahlungserwärmung auftritt, wenn die Wandtemperaturen 20°C übersteigen.

Den hier angestellten Untersuchungen kann entnommen werden, dass die Heizungsauslegung der Herbergsthermen durch die Geometrie und Ausführung des Baues bestimmt wurde. Die gewonnen Ergebnisse, insbesondere hinsichtlich Aufheizzeiten, Holzverbrauch, Warmwassererzeugung und Temperaturen auf Wänden und Fußböden lassen sich daher kaum für die Betrachtungen des Wärmebedarfes anderer Thermen verwenden. Allerdings ist für die meisten Thermen, die über ein Heizsystem mit einem Hypokaustum und Tubulaturen verfügen, die Wirkungsweise dieselbe gewesen. Die tubulierten Wände und der beheizte Fußboden sind die Heizkörper, die den Raum beheizen. Unterschiede in Höhe und Anzahl der tubulierten Wände, sowie die Wärmespeichermassen im Hypokaustum und die Stärke der Suspensura beeinflussen das Wärmeverhalten in einer Thermenanlage.

Um den Wärmebedarf für die römischen Thermen in *Weißenburg / Bayern* zu ermitteln, wurde ein Computerprogramm entwickelt, das den Bedingungen der Xantener Herbergsthermen angepasst wurde. Dabei wurden die beschriebenen Strömungsverhältnisse in den Tubulaturen berücksichtigt. Mit diesem überarbeiteten Computerprogramm erfolgten die entsprechenden Berechnungen.

VII. Aufgabenstellung zur Klärung der Strömungsverhältnisse in Hypokaustheizungen mit Tubulatur

Die exakt dokumentierten Ergebnisse von Hüser sowie die Messwerte der Versuche in Xanten geben eine gute Grundlage, um die Strömungsverhältnisse zu berechnen und damit die physikalischen Verhältnisse und das Wärmeverhalten von Hypokaustum und Tubulatur zu erklären. Hierzu stellen sich folgende Fragen:

1. Wie entstehen Strömungen in den Tubuli?
2. Was bewirken die seitlichen Öffnungen in den Tubulisteinen?
3. Welchen Einfluss haben der Innen-Querschnitt, der Querschnitt der seitlichen Öffnungen und die Höhe der einzelnen Tubulisteine?
4. Welche Abmessungen müssen Tubulisteine haben, um eine bestimmte Wandhöhe zu beheizen?
5. Welchen Einfluss haben die notwendigen Rauchgasabzüge?
6. Wie hoch war der Holzverbrauch einer beliebigen Therme?

Zuerst soll für die einzelnen Fragen das physikalische Prinzip dargestellt und dann ein entsprechendes Computerprogramm erarbeitet werden, mit dem sich die Verhältnisse numerisch darstellen lassen. Werden die so gewonnenen Ergebnisse in Diagramme eingetragen, werden die teilweise komplexen Verhältnisse gut verständlich.

VII.1 Wie Strömungen in der Tubulatur entstehen

Die Verhältnisse in den Tubulaturen sollen zuerst mittels der Ergebnisse der Saalburgversuche von Hüser ermittelt werden.
Bei seinen Untersuchungen hat Hüser festgestellt, dass vertikale Strömungen in den Tubulisträngen in der Wand vorhanden sein müssen. An den Strängen, die als Kamine warme Abgase nach Außen führten, wurden etwas höhere Temperaturen gemessen, was auf höhere Gasgeschwindigkeiten als in den daneben liegenden Strängen schließen lässt.
Aus Messungen, die in einem Meter Höhe (Abb. 5) an den vier Raumwänden erfolgten, war zu entnehmen, dass abwechselnd jeweils 2 nebeneinander liegende Tubulistränge eine etwas höhere Temperatur als die benachbarten aufweisen. Dabei wurde auf den Wänden eine insgesamt sehr gleichmäßige Temperaturverteilung festgestellt, die nur sehr geringe Temperaturdifferenzen aufwies (Thermogramm der Abb. 4). Das Temperaturmuster an den Wänden deutet der Verfasser so, dass aus dem heißen Hypokaustum in die Tubulistränge warme Gase nach oben steigen. Sie kühlen sich dabei ab, weil sie Wärme in die Wand und nach dem Raum hin abgeben. An ihrem oberen Ende sind die Tubulistränge mit einer horizontalen Röhre von gleichem Innenquerschnitt verbunden. Durch diese strömen die Gase zum Nachbarstrang und fließen in ihm unter weiterer Abkühlung nach unten in das Hypokaustum zurück. Es entsteht eine Strömung genauso wie bei einer Warmwasserheizung nach dem Schwerkraftprinzip, in der das durch den thermischen Auftrieb strömende Warmwasser sich in den höher gelegenen Heizkörpern abkühlt und der Schwerkraft folgend wieder nach unten abfließt. Das Strömungsverhalten der Hypokaustheizung mit Wandtubuli weist allerdings die Besonderheit auf, dass sich offensichtlich jeweils zwei Stränge mit Aufwärtsströmung und jeweils zwei mit abwärts gerichteter Strömung abwechseln. Ein Ausgleich findet anscheinend lediglich zwischen Strängen entgegengesetzter Strömungsrichtung statt.

VII.2 Einfluss der seitlichen Öffnungen der Tubuli

In den nebeneinander liegenden Strängen sind die Tubuli so angeordnet, dass sich ihre seitlichen Öffnungen genau gegenüber befinden und somit eine Verbindung für Querströmungen in jeder Tubulusebene entstehen kann. In der Literatur wird erwähnt, dass in den Tubulaturen infolge der seitlichen Öffnungen der Tubulisteine auch horizontale Querströmungen vorstellbar sind. Nähere Angaben werden aber nicht gemacht.

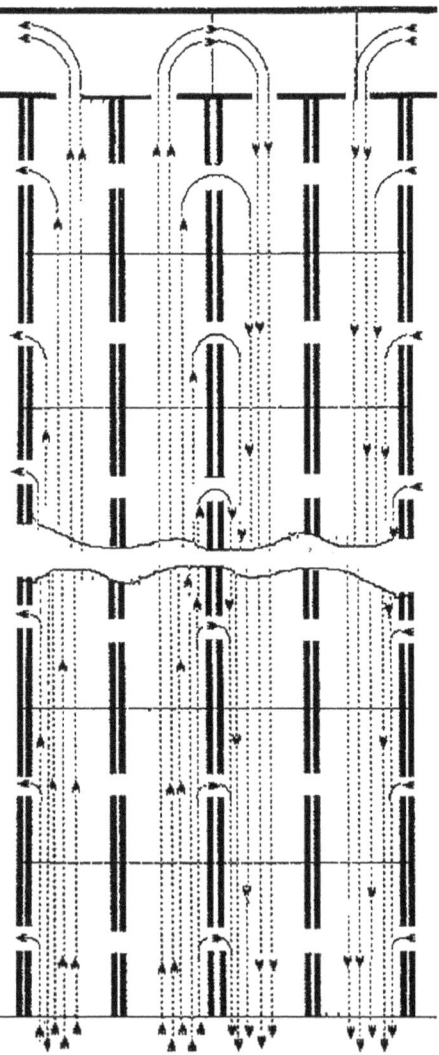

Abbildung 27: Prinzip der Gasströmung in Tubulaturen

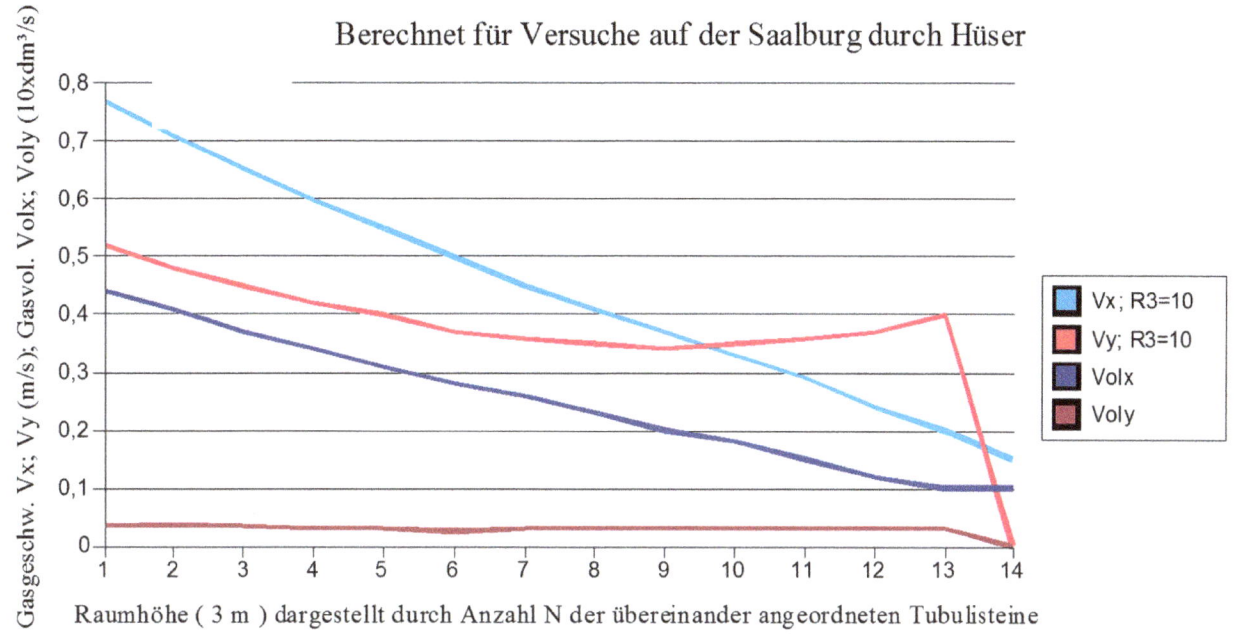

Abbildung 28: Gasgeschwindigkeiten Vx und Vy sowie Gasvolumina Volx und Voly

Für ein Strömungsmodell, dem zufolge Gase durch die Stränge mit etwa konstanter Geschwindigkeit fließen, zeigen Berechnungen, dass der Strömungswiderstand der oberen Querverbindungsröhre zwischen auf- und abwärts gerichteter Strömungsrichtung größer als der der Stränge selbst ist. Damit würde sich aber tatsächlich eine geringere Strömungsgeschwindigkeit ergeben als angenommen. Daraus ergibt sich die Frage, inwieweit die seitlichen Öffnungen der Tubuli die Strömungsverhältnisse in der Tubulatur beeinflussen.

Die durch Hüser ermittelten sehr geringen Temperaturunterschiede an der Wand legen den Gedanken nahe, dass die Tubulistränge mit ihren Querverbindungen eventuell wie ein in der heutigen Technik verwendetes Luftdüsensystem wirken. Mit dieser Art der Luftverteilung wird eine sehr gleichmäßige Temperaturverteilung für die Erwärmung breiter Flächen erreicht. Es wurde folgende Modellvorstellung verfolgt (Abb. 27): Aus dem Hypokaustum strömen heiße Gase in einen Tubulistrang nach oben. Ihre Geschwindigkeit ergibt sich aus dem Druckunterschied, der durch die Temperaturdifferenz zwischen einströmenden und im benachbarten Strang nach unten ausströmenden Gasen entsteht. Der Strömungswiderstand (abhängig vom jeweiligen Widerstandsbeiwert) der Tubulistränge bestimmt die sich einstellende Geschwindigkeit der Gase. Abkühlung der Gasströmungen durch Wärmeabgabe an die Wandungen führt zur Temperaturdifferenz. Um diese Verhältnisse zu klären, muss zuerst der Strömungswiderstandsbeiwert der Anordnung bestimmt werden. Dazu werden die in der Lüftungstechnik üblichen Verfahren und Tabellen angewendet[2]: Unter den Strömungsbeiwerten für verschiedene Rohrausführungen finden sich auch solche für Rohranordnungen mit seitlichen Abzweigungen, wie sie den Tubulisteinen entsprechen, Der Beiwert ist vom Verhältnis der Austrittsgeschwindigkeit durch die Seitenöffnung zur Geschwindigkeit in den Tubuli abhängig.

Mit einem Computerprogramm zur Kurvenanpassung konnte der Verfasser ermitteln, dass der Strömungsbeiwert der Seitenöffnung vom Geschwindigkeitsverhältnis abhängt und durch eine Potenzfunktion bestimmt ist. Damit ist es möglich, mittels eines weiteren Computerprogrammes den Gesamtströmungsbeiwert eines Systems von Tubulisträngen zu bestimmen, das von auf- und absteigenden Gasen durchströmt ist. Hierzu sind die Daten der geometrischen Abmessungen der Tubulisteine und ihrer Öffnungen sowie die der Gesamthöhe der Tubulistränge erforderlich.

Mit dem ermittelten Gesamströmungsbeiwert lassen sich dann auch die Verhältnisse der Eintritts- und Austritts-Gasgeschwindigkeiten, die der Volumenströme sowohl in jedem Tubulus als auch in den Strängen über die sich ergebenden Druckdifferenzen berechnen. So können auch die Volumenströme und Gasgeschwindigkeiten durch die Seitenöffnungen der einzelnen Tubuli ermittelt werden. Es ergibt sich, dass die Seitenöffnungen der Tubulisteine, mit denen die Stränge auf einer Ebene strömungsmäßig verbunden sind, einen wesentlichen Einfluss auf das gesamte Strömungs- und Wärmeverhalten der Tubulatur haben.

---

[2] Das Folgende nach C. Ihle, Lüftung und Luftheizung. Der Heizungsingenieur, Band 3, Werner-Verlag, Düsseldorf 1991.

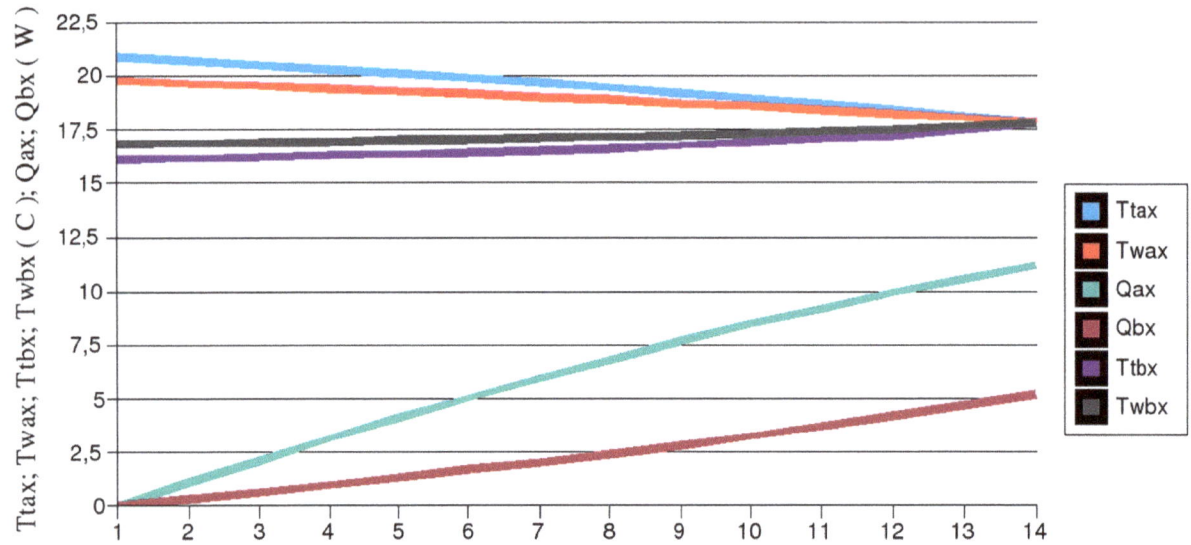

Abbildung 29: Gastemperaturen (Ttax; Ttbx) und Wandtemperaturen (Twax; Twtx) sowie abgegebene Leistungen (Qax; Qbx), berechnet für Versuche auf der Saalburg durch Hüser

VII.3 Einfluss der geometrischen Abmessungen der Tubulisteine

Nachdem die Strömungsbeiwerte der einzelnen Ebenen und der Gesamtströmungsbeiwert sowohl wie auch die Geschwindigkeitsverhältnisse der Tubulatur berechenbar sind, sollen mittels eines weiteren Computerprogramms die von Hüser in der Saalburg gemessenen Werte nachgerechnet werden. Dazu werden die auf der Innenseite der Ostwand des Versuchsraumes gemessenen Daten zwischen Fenster und angrenzender Südwand zugrunde gelegt. Diese Seite ist besonders geeignet, da hier keine Störungen des Temperaturverlaufes durch nach oben ins Freie führende Gasabzüge auftreten. Denn wegen ihres geringeren Strömungswiderstand ergeben sich in den Abzugstubulisträngen höhere Temperaturen als in ihrer Umgebung. Aus der Veröffentlichung von Hüser wurden folgende Daten den Rechnungen zugrunde gelegt:

Raumtemperatur: $T_i = 18°C$
Außentemperatur: $T_a = 5°C$
Eintrittstemperatur aus Hypokaustum in Tubulatur:
  $T_{tmax} = 20,9°C$
Wärmeübergangswerte, berechnet aus angegebenen Wandstärken:
vom Tubulusinneren durch die Wand nach außen:
  $K_a = 1,16$ W/°C*m
vom Tubulusinneren zum Raum:
  $K_t = 2,88$ W/°C*m
von Innenwandoberfläche zum Raum:
  $K_w = 4,66$ W/°C*m
Raumhöhe: 3m mit oberer Querverbindung der Tubuli
Höhe eines Tubulus: 0,225 m
Anzahl von Tubuli in einem Strang: N = 13

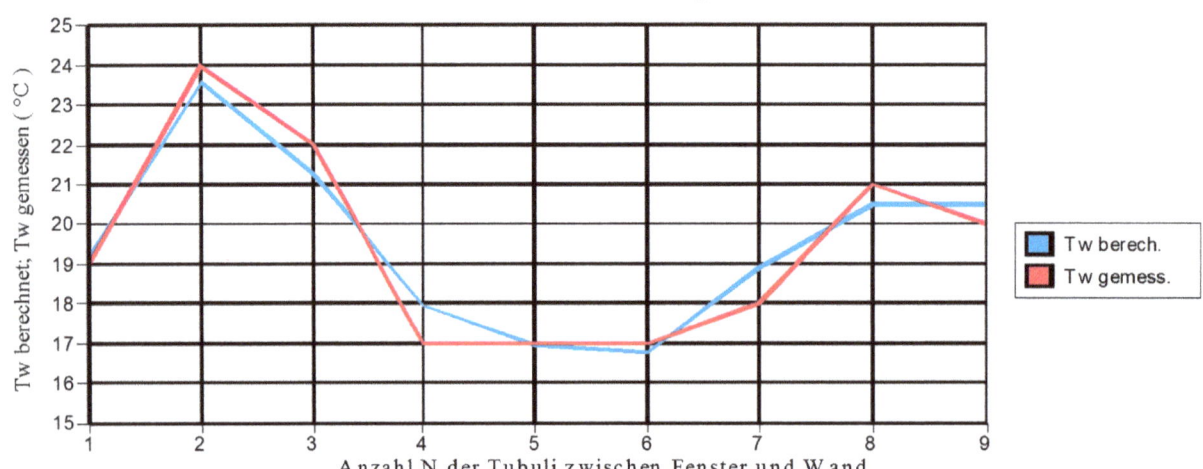

Abbildung 30: Vom Verfasser berechnete und von Hüser in der Saalburg gemessene Wandtemperaturen

Mit diesen Werten wurden die Gasgeschwindigkeiten und die Volumenströme für jeweils einen aufsteigenden und einen absteigenden Ast der Tubulatur sowie für die Strömungen durch die Seitenöffnungen der Tubuli berechnet. In Abbildung 28 sind die errechneten Werte für jede Tubulusebene dargestellt.

Die Austrittsgeschwindigkeit aus dem einen Strang der Tubulatur in das Hypokaustum ist gleich der Eintrittsgeschwindigkeit V_x aus dem Hypokaustum in den anderen Strang der Tubulatur. Die Gasgeschwindigkeit beträgt am Eintritt 0,73 m/s, um am oberen Ende der Tubulatur auf 0,2 m/s abzunehmen. Die Geschwindigkeit V_y durch die seitlichen Öffnungen der einzelnen Tubulisteine sinkt von 0,475 m/s auf 0,27 m/s ab. Bei den Volumenströmen V_{olx} im aufsteigenden Tubulus und V_{oly} durch die Seitenöffnungen der Tubulisteine ergibt sich, dass V_{olx} von 0,42 m³/s auf 0,17 m³/s etwa dem Verlauf von V_x folgend abnimmt, während V_{olx} auf einen niedrigen Wert von 0,035 m³ praktisch für jede Höhe konstant ist. Ursache für die Konstanz des letzteren Wertes ist, dass der Strömungswiderstand durch die Seitenöffnungen bei dem größten V_x auch den größten Wert aufweist und mit abnehmendem V_x der erwähnten Potenzfunktion folgend abnimmt. Dieses Verhalten wird dadurch bestimmt, dass der Strömungsquerschnitt im Tubulus 62,5 cm² misst, derjenige der Seitenöffnung mit nur 7,5 cm² jedoch wesentlich kleiner ist. Die nach unten strömenden Gase kühlen sich weiter ab. Dadurch steigert sich die Druckdifferenz zwischen ein- und abfließenden Gasen und damit deren Geschwindigkeit. Es bestätigt sich die Annahme, dass die Tubulistränge wie Düsenbalken mit ca. gleichem Austrittsvolumen für alle Düsenöffnungen wirken. Der Einfluss der seitlichen Tubulus-Öffnungen auf das Strömungsverhalten in der Tubulatur insgesamt lässt sich durch die hier vorgenommenen Berechnungen erstmals quantitativ erklären.

VII.4 Temperaturen und Wärmeleistungen

Nachdem die Strömungsverhältnisse in der Tubulatur anhand der Saalburgversuche geklärt sind, sollen nun auch der Verlauf von Temperaturen und der der Wärmeabgabe eines Tubulusstrangpaares ermittelt werden. Das Rechenergebnis ist in Abbildung 29 dargestellt.

Die in der Tubulatur aufsteigende warme Gasströmung gibt Wärme durch die Außenwand und in den Innenraum durch den Verputz ab. Dadurch nehmen im aufsteigenden Ast die Tubuli-Gastemperatur T_{tax} und im absteigenden Ast T_{tbx} kontinuierlich ab. Die Oberflächentemperatur T_{wax} auf der Innenwand ist etwas niedriger als T_{tax}. Andererseits liegt T_{wax} höher als T_{tbx}, da die Innenraumseite der Wand durch die Raumtemperatur erwärmt wird. Die Kurve Q_{ax} zeigt die mit den angegebenen Werten für Außen- und Innentemperatur abgegebene Leistung über der jeweiligen Höhe, Q_{bx} zeigt die im absteigenden Ast nach unten abgegebene Leistung. Die von dem Strangpaar insgesamt abgegebene Leistung ist: $Q_{ges} = Q_{ax} + Q_{bx}$. Weiterhin wurden die Wandtemperaturen auf der Ostseite zwischen Fenster und Südwand berechnet, wobei eine Temperaturabnahme längs der Wand im Hypokaustum von 1°C pro Meter angenommen wurde. In Abbildung 30 sind die in einer Höhe von einem Meter über dem Boden von Hüser gemessenen Temperaturwerte $T_{wgemess}$ sowie die berechneten $T_{wberech}$ über den jeweiligen Tubulisträngen aufgetragen. Obwohl bei den Versuchen die Temperatur nur mit ganzzahligen Werten gemessen wurde, stimmen die berechneten Werte auf wenige zehntel Grad sehr gut mit den gemessenen überein. Diese Ergebnisse bestätigen, dass das Strömungs- und Temperaturverhalten der Tubulatur mit dem Computerprogramm zutreffend berechnet werden kann.

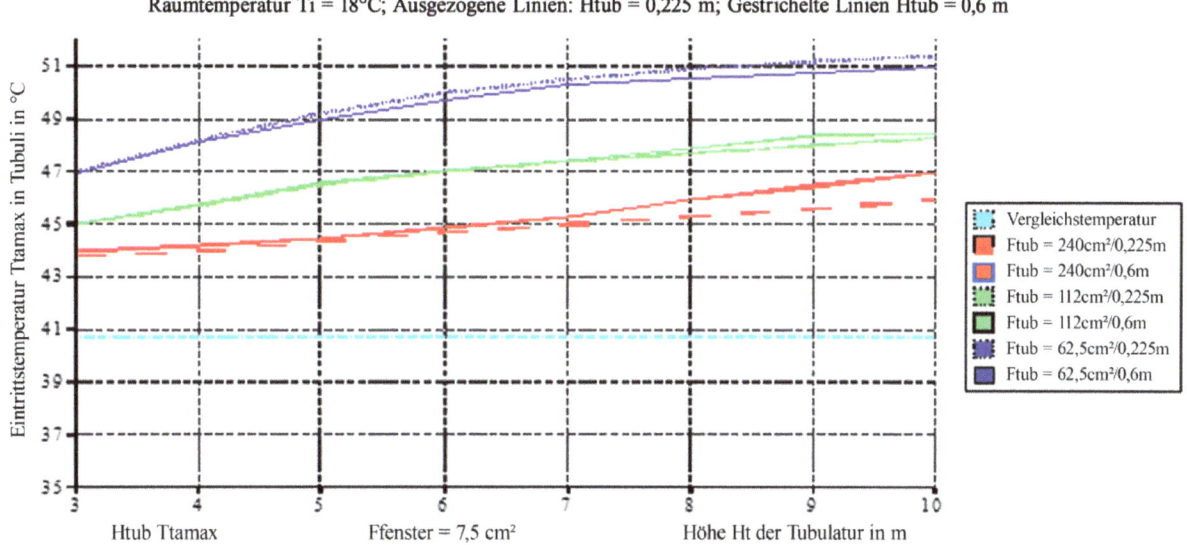

Abbildung 31: Eintrittstemperatur Ttamax in die Tubulatur

VIII. Allgemeine Berechnungen für Tubulaturen

An Hand der Untersuchungen von Hüser in der Saalburg konnte das Verhalten der Gasströmungen in einem Tubulaturstrang beschrieben und berechnet werden. Mit den für die Versuche in der Saalburg erstellten Rechenprogrammen sollen nun im folgenden allgemeine Aussagen für die Einflüsse von Höhe, Querschnitt der Tubuli und deren seitlichen Öffnungen, sowie die davon abhängige nutzbare Gesamthöhe der Tubulistränge erfolgen.

VIII.1 Abmessungen der Tubuli zur Beheizung einer bestimmten Wandhöhe

Mit den für die Verhältnisse der Saalburg erstellten Rechenverfahren, lassen sich auch die Abmessungen einer Tubulatur bestimmen, um eine Wand bis zu einer bestimmten Höhe zu beheizen. Hierfür wird der Wirkungsgrad K_{eta} in % herangezogen. K_{eta} wird aus der in den Raum abgegeben Leistung $Q_{twinges}$ und der mittleren Gasleistung Q_{twin0} errechnet:

$$K_{eta} = Q_{twinges} / Q_{twin0}$$

$Q_{twinges}$ ist hier die Wärmeleistung die von der Wandfläche über ein Tubulistrangpaar mit Auf- und Abwärtsströmung abgegeben wird. Die Werte von $Q_{twinges}$ werden auf eine definierte Größe bezogen, um Aussagen über verschiedene Anordnungen zu ermöglichen. Für die mittlere Gasleistung Q_{twin0} wird eine Modellvorstellung angenommen, bei der die zu beheizende Wand an ihrer Außenseite gewissermaßen an einen großen Raum mit konstanter mittlerer Temperatur angrenzt, in dem keine Temperaturunterschiede vorhanden sind. Die Berechnungen erfolgten für drei verschiedene Tubulusquerschnitte (Varianten A1 bis A3) mit zwei unterschiedlichen Tubulushöhen (Varianten B1 und B2) mit einem Querschnitt der seitlichen Öffnung von 7,5 cm² für Tubuli-Stranghöhen von 3 bis 10 m. Da eine Vielzahl unterschiedlicher Abmessungen bei den antiken Tubulussteinen verwendet wurden, sind bei diesen die Abmessungen für die Rechnungen in etwa angepasst.

Folgende Werte wurden den Berechnungen zu Grunde gelegt:

Tubuli-Abmessungen:

Variante	A1	A2	A3
Außenbreite La in cm	16,5	18	24
Lichte Breite innen Ba in cm	09,0	12	20
Außentiefe Li in cm	12,5	14	18
Lichte Tiefe innen Bi in cm	05,0	08,0	12
Innenquerschnitt Ftub in cm²	62,5	112	240

Die Varianten A1 bis A3 wurden jeweils für zwei Längen der Tubuli berechnet (Varianten B1 und B2):
Tubulihöhe Htub: B1 = 0,225 m B2 = 0,6 m
Seitliche Öffnung in Mitte der Tubulushöhe angeordnet
Bei diesen Untersuchungen betrug die Fläche der seitlichen Öffnungen der Tubuli:

F_{tubF} = 7,5 cm²

Um den Einfluss der Fensterfläche zu erkennen, erfolgten nochmals Berechnungen mit den Tubulidaten A2, B1 und B2 für eine Fensterfläche von:

F_{tubF} = 15 cm²

Alle Varianten wurden berechnet für eine Gesamthöhe von:

Ht = 3, 4, 6, 8 und 10 m

Bei allen Berechnungen wurden folgende Werte konstant gehalten:
Raumtemperatur T_i = 32°C
Außentemperatur T_a = 7,6°C
mittlere Tubuligastemperatur T_t = 40,7 °C
Verwendete Wärmeübergangswerte:

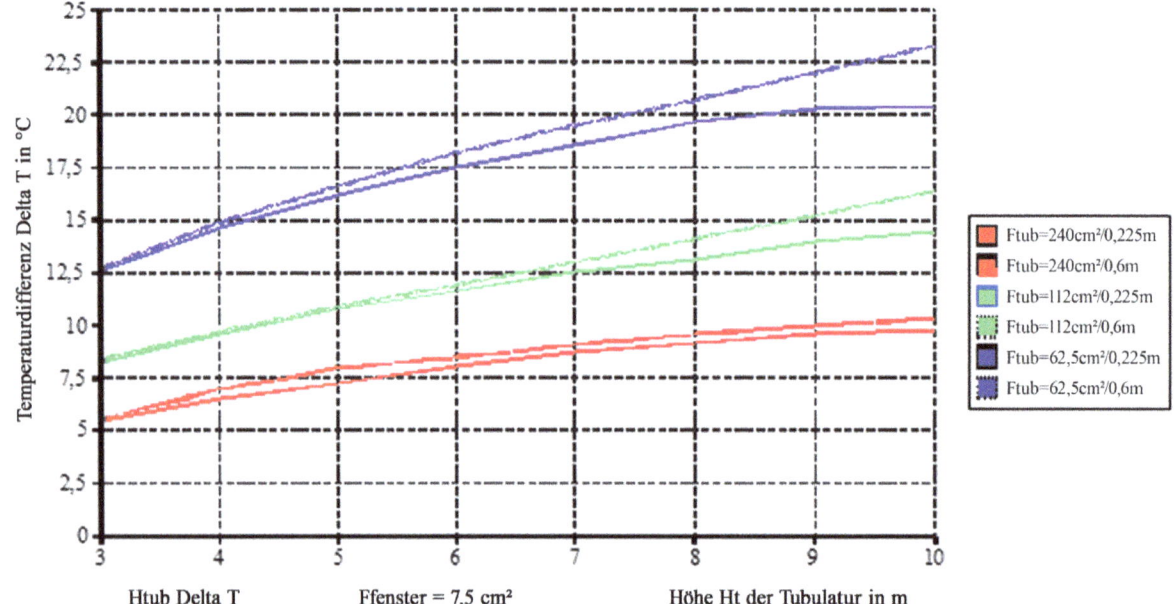

Abbildung 32: Temperaturdifferenz zwischen Ein- und Ausströmung in einem Tubulistrang

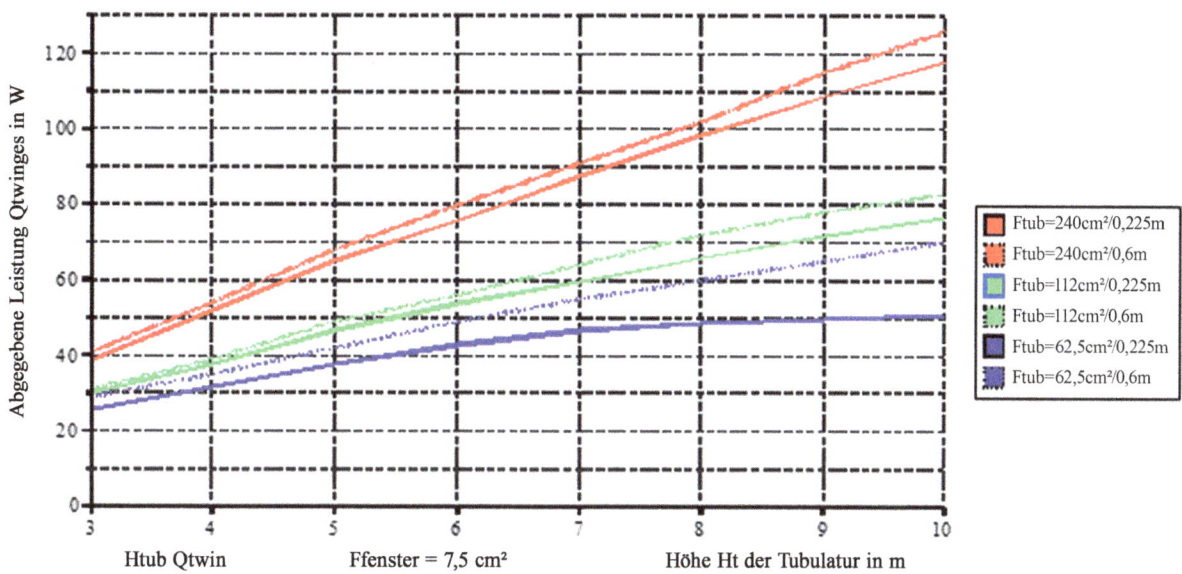

Abbildung 33: Von der Tubulatur in den Raum abgegebene Leistung

Vom Tubulusinneren durch die Wand nach außen:
  Ka = 1,16 W/°C*m
Vom Tubulusinneren durch Verputz in den Raum:
  Kt = 2,88 W/°C*m
Von der Wandoberfläche in den Raum:
  Kw = 4,66 W/°C*m
Die wesentlichen Ergebnisse sind in den Ergebnistabellen für Tubuli-Berechnung zusammengestellt (Anhang 1). Berechnet sind:
R_{ges}: Gesamtströmungsbeiwert
F_{vx}: Geschwindigkeitsfaktor
V_{xges1}: Einströmgeschwindigkeit der Heizgase
V_{xmin}: minimale Geschwindigkeit am oberen Ende der Tubulatur
T_{tamax}: einfließende maximale Tubuligastemperatur im aufsteigenden Strang
T_{taxob}: am oberen Ende der Tubulatur erreichte Temperatur
Deltat: Temperaturdifferenz zwischen ein- und ausströmenden Gasen in der Tubulatur
Q_{twin}: In den Raum abgegebene mittlere Leistung (mit Vergleichstemperatur)
Nicht bewertet wurden: Eta, Q_{wimit} und Q_{wges}.
Für eine allgemeingültige Berechnung wurden die geometrischen Verhältnisse festgelegt. Damit erfolgen nun die einzelnen Berechnungen.
Der Übersichtlichkeit halber sind die Rechenergebnisse für die verschiedenen Einflussgrößen in den nachfolgenden Absätzen erläutert und in Kurvenform in Diagrammen dargestellt.

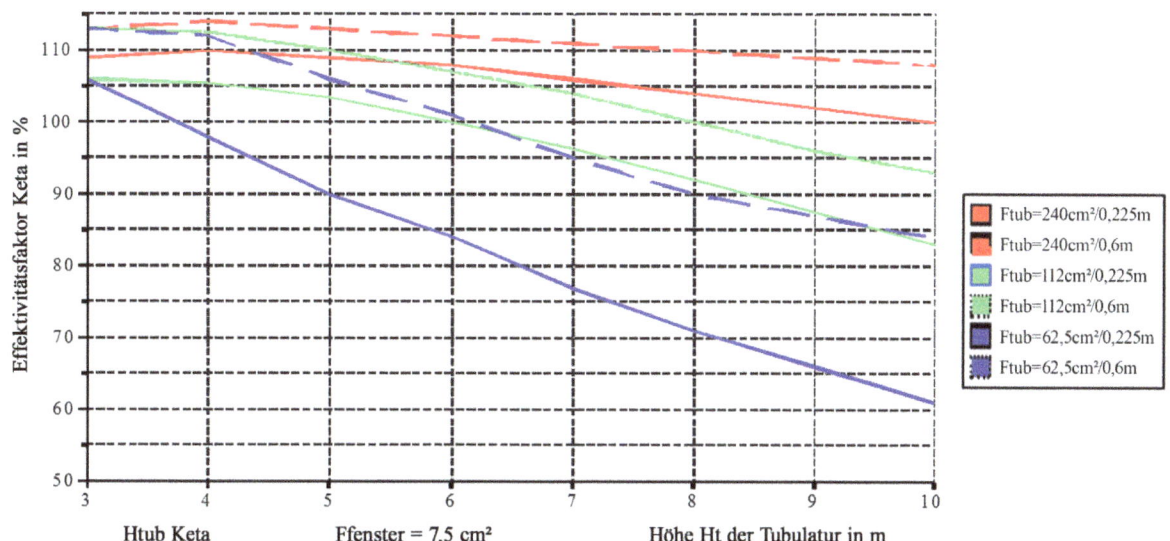

Abbildung 34: Effektiver Einfluss verschiedener Tubulus-Querschnitte Ftub

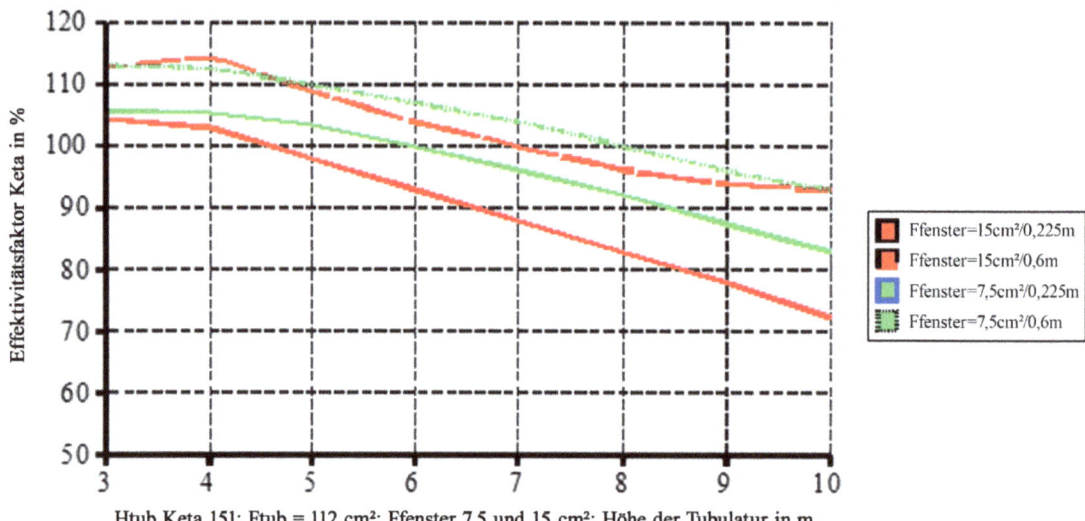

Abbildung 35: Effektiver Einfluss von unterschiedlichen Tubulusfensterquerschnitten Ffenster

VIII.2 Eintrittstemperatur in die Tubulatur

Abbildung 31 zeigt als Diagramm die Eintrittstemperaturen in die Tubulatur für die Tubulus-Querschnittvarianten A1, A2, A3, jeweils bezogen auf die Tubulus-Längenvarianten B1 und B2 für eine Raumtemperatur von T_i = 32°C aufgetragen über der Tubulaturhöhe.

Man erkennt, dass infolge des geringeren Strömungsquerschnitts für den kleinsten Tubuli-Querschnitt die höchste Eintrittstemperatur erforderlich ist. Die Höhe H_{tub} der Tubulussteine hat praktisch keinen Einfluss.

VIII.3 Temperaturdifferenz zwischen Ein- und Ausströmung in einem Tubulistrang

Für dieselben Verhältnisse wie im vorigen Abschnitt sind in Abbildung 32 die Temperaturdifferenzen für die verschiedenen Varianten aufgetragen. Mit zunehmender Wandhöhe steigt für alle Varianten die Temperaturdifferenz an. Wieder ergibt sich für den kleinsten Tubulus-Querschnitt der größte Wert. Für den größten Querschnitt tritt entsprechend die niedrigste Temperaturdifferenz auf, da hier der Gesamtströmungswiderstand am kleinsten ist. Die Tubulushöhe H_{tub} hat nur bei Tubulaturhöhen über 8 Metern einen geringfügigen Einfluss.

VIII.4 Von der Tubulatur in den Raum abgegebene Leistung

Unter denselben Verhältnissen wie zuvor bleibt die in den Raum abgegebene Leistung etwa ab 7 Meter Raumhöhe konstant für den kleinsten Tubulus-Querschnitt mit geringstem H_{tub} und steigt bei dem größeren Wert von H_{tub} etwas weiter an. Insgesamt ist dabei die Leistungsabgabe am geringsten.

Die Verhältnisse zeigt das Diagramm in Abbildung 33. Für die beiden Stränge mit größeren Querschnitten ist praktisch kein Unterschied zwischen beiden Tubulushöhen H_{tub} feststellbar. Ursache für die geringe Leistungsabgabe des Tubulistranges mit dem kleinsten Querschnitt ist, dass sich bei den größeren Höhen die Heizgase infolge des geringen Volumenstromes bereits so weit abgekühlt haben, dass oberhalb keine weitere Wärmeabgabe mehr möglich ist.

VIII.5 Effektiver Einfluss unterschiedlich großer Tubulus-Querschnitte (Anhang I, Tabellen 1 bis 4)

Wichtig ist der Einfluss der verschiedenen Tubulus-Querschnitte auf die in den Raum abgegebene Leistung $Q_{twinges}$. Diese wird im Verhältnis zu der Modellleistung Q_{twin0} dargestellt im Faktor $K_{eta} = Q_{twinges}/Q_{twin0}$ (Abb. 34).

Die geringste Leistung wird bei dem kleinsten Querschnitt mit der geringsten Tubulushöhe abgegeben, für den zugleich die höchsten Einströmungstemperaturen und die höchsten Temperaturdifferenzen erforderlich sind. Etwas besser liegen die Verhältnisse für den kleinsten Querschnitt mit großer Tubulushöhe H_{tub}. Nur bis etwa 4 m Raumhöhe liegt der Vergleichswert K_{eta} etwas über 100%. Bis etwa 7m Raumhöhe liegen die Werte für den Querschnitt von 112cm² für beide Tubulushöhen H_{tub} über oder um 100%. Bei dem Querschnitt von 220 cm² liegen die Werte für beide Tubulushöhen über 100%.

VIII.6 Effektiver Einfluss unterschiedlich großer Querschnitte der seitlichen Tubulus-Öffnungen

Um die Tendenz unterschiedlicher Flächengrößen der seitlichen Tubulus-Öffnungen zu erkennen, wurde eine Berechnungsreihe für den Effektivitätsfaktor K_{eta} (oben VIII.4) bei zwei verschieden großen Flächen dieser Öffnungen durchgeführt (Flächen 7,5 cm² und 15 cm²: Abb. 35). Als Tubulus-Querschnitt wird hier lediglich F_{tub} = 112 cm², für die Tubulushöhen wie zuvor H_{tub} = 0,225 m und 0,6 m eingesetzt.

Bei der Tubulushöhe 0,225 m sinken die Werte für den Öffnungsquerschnitt 15 cm² gegenüber dem Querschnitt

7,5 cm² bei gleicher Höhe stärker ab. Bei der Tubulushöhe von 0,6 m liegen die Werte für beide Querschnitte etwa gleich hoch. Ursache für diesen Unterschied ist, dass bei kleineren Abständen H_{tub} über der Höhe der Tubulusstränge wesentlich mehr Seitenöffnungen vorhanden sind, über die ein großer Teil der Gasströmung in den Nachbarstrang gelangt. Daher ist dann im oberen Bereich der Tubulatur keine warme Strömung mehr vorhanden.

VIII.7 Erkenntnisse für Tubulaturen unterschiedlicher Höhe

Jeweils zwei parallele Tubulistränge mit Aufwärtsströmung wechseln sich mit zwei parallelen mit Abwärtsströmung ab. Zwischen zwei Tubulussträngen unterschiedlicher Strömungsrichtung findet über jede der seitlichen Öffnungen eine praktisch konstante Querströmung vom aufsteigenden Strang zum abfallenden statt. Zwischen Strängen gleicher Strömungsrichtung gibt es keine Querströmung. Der Strömungswiderstand eines Tubulistrangpaares steigt mit zunehmender Höhe der Tubulatur an. Mit zunehmendem Querschnitt der Tubuli nimmt er dagegen ab.

Die Gastemperatur T_{tamax} aus dem Hypokaustum führt zu einer aufsteigenden Strömung in einem Tubulusstrang. Infolge der Wärmeabgabe in den Raum und in die Außenwand stellt sich ein Volumen der Strömung ein, das abhängig ist vom Strömungswiderstand des Strangpaares und von der Abkühlung des Volumenstromes um die Temperaturdifferenz Deltat. Die Strömungsgeschwindigkeit wird durch den Querschnitt der Tubuli bestimmt, die von dem Volumenstrom durchflossen werden. Die größeren Tubulushöhen wurden meist durch Übereinandersetzen von je einem Stein mit und je einem ohne seitliche Öffnungen erreicht. Der kleine Querschnitt von F_{tub} = 62,5 cm² mit einer Tubulushöhe von 0,225 m ist nur für Tubulaturen mit einer Höhe von etwa 3 m geeignet, da bis zu dieser Höhe die Heizgase sich soweit abgekühlt haben, dass keine weitere Nutzwärme mehr abgegeben werden kann. Vergrößert man den Abstand der Seitenöffnungen durch Vergrößerung der Tubulushöhe auf 0,6 m, dann lassen sich noch Tubulaturen mit einer Höhe von ca. 7 m betreiben. Wegen des relativ kleinen Volumenstromes sind dabei jedoch relativ hohe Gastemperaturen im Hypokaustum erforderlich, die zu höheren Fußbodentemperaturen führen. Bei den Tubulusquerschnitten von 120 cm² und 240 cm² ist kein gravierender Unterschied zwischen den beiden Tubulushöhen 0,225 m und 0,6 m zu erkennen. Allerdings benötigt der größte Querschnitt die geringste Gastemperatur aus dem Hypokaustum. Vergrößert man die seitliche Tubulusöffnung zum Beispiel von 7,5 cm² auf 15 cm², wird die abgegebene Leistung, dargestellt durch den Leistungsfaktor K_{eta}, für größere Tubulushöhen wesentlich besser (Abb. 34). Durch die größeren Queröffnungen sinkt deren Strömungswiderstand und damit auch der des Strangpaares. Dadurch wird die Strömungsgeschwindigkeit in dem Strängen erhöht. Es fließt ein größerer Volumenstrom, so dass bei konstanten Temperaturverhältnissen die Temperaturdifferenz zwischen den in die Stränge ein- und ausströmenden Heizgasen geringer wird. Dadurch erhöht sich die mittlere Temperatur im Strangpaar, die für die Wärmeabgabe verantwortlich ist.

IX. Zusammenwirken von Hypokaustum und Tubulatur

Bei einer Raumheizung sowohl vom Boden als auch von der Wand her bedarf es einer Abstimmung der Heizleistung beider. Bei der römischen Hypokaustheizung mit tubulierten Wänden werden Boden und Wand mit Heizgasen etwa gleicher Anfangstemperatur versorgt. Soll ein Raum auf einer konstanten Temperatur gehalten werden, muss von den warmen Flächen des Fußbodens und der Tubulatur eine solch große Wärmeleistung erbracht werden, dass damit die nach außen gehenden Wärmeverluste gedeckt werden. Bei gleicher Wärmeleistung für einen Raum kann die im Hypokaustum notwendige Temperatur durch entsprechende Auswahl der Tubuliquerschnitte, des Höhenabstandes der Queröffnungen im Tubulistrang sowie durch die Dicke des Fußbodens über dem Hypokaustum (Suspensura) beeinflusst werden. Um den Einfluss der Dicke der Suspensura aufzuzeigen, sei die Berechnung der Temperaturverhältnisse für das Tepidarium T2 der römischen Thermen von Weißenburg (Bayern) aufgeführt. Das Hypokaustum dieses Raumes war ursprünglich mit den Hypokausten der Nachbarräume verbunden. Durch ein gemeinsames Präfurnium erfolgte die Beheizung. Bei Umbauten wurde für jeden Raum ein eigenes Präfurnium vorgesehen und die ursprüngliche Dicke der Suspensura auf ca. 50cm verstärkt.
In Abbildung 26 wurden folgende Temperaturwerte in Abhängigkeit von der Bodenstärke oberhalb des Hypokaustums aufgetragen:
Hypokausttemperatur T_h
mittlere Temperatur in der Tubulatur T_t
Wandtemperatur über der Tubulatur T_w
Fußbodentemperatur T_b
Raumtemperatur T_i = konstant 22°C
Die im Hypokaustum benötigte Temperatur steigt mit zunehmender Dicke der Suspensura (bis ca. 60cm) an, während die Fußbodentemperatur von 27.5°C auf 22°C absinkt. Diese Abhängigkeit der beiden Größen voneinander ermöglichte es den Römern, durch Erhöhung der Suspensuradicke die Fußbodentemperaturen so abzusenken, dass die Badenden Sandalen nur wegen des glitschigen Bodens, aber nicht wegen zu großer Hitze benutzen mussten. Wesentlich ist auch, dass diese Absenkung der Fußbodentemperatur nicht mit einer Verminderung der Heizleistung der Wände einhergeht, sondern im Gegenteil je nach Wahl der Tubulaturabmessungen sogar mit einer Steigerung der Wandheizleistung verbunden werden kann. Und umgekehrt kann durch entsprechende Wahl der Tubulatur die im Hypokaustum erforderliche Temperatur gesenkt werden. Bei den hier angestellten Berechnungen ist eine Tubulatur mit einem Querschnitt von 62,5 cm² bei einer beheizten Raumhöhe von 6 m

angenommen. Die Tubuliabmessungen entsprechen etwa denen, die im Tepidarium von Weißenburg gefunden wurden. Durch größere Tubulusquerschnitte kann die Hypokaustemperatur bei gleicher in den Raum abgegebener Leistung niedriger gehalten werden. Da die beiden Heizflächen eines Raumes, tubulierte Wände und hypokaustierte Fußböden, mit derselben Temperatur aus dem Hypokaustum erwärmt werden, ergeben sich zwei mögliche Varianten des Verhältnisses der Heizflächen zueinander:

a) Der Anteil der Heizleistung der Wand ist niedriger als der des Fußbodens. Dann erfolgt eine Wärmeabgabe aus dem Raum in die Tubulatur. Dies ist zum Beispiel bei dem Caldarium der Herbergsthermen in Xanten der Fall, bei dem die Tubulatur so angeordnet ist, dass der Raum gewissermaßen in einer durch die Tubulatur gebildeten Warmluftschale liegt und der Boden über dem Hypokaustum mehr Wärme abgibt (Abb. 9).

b) Ist der Anteil der Heizleistung der tubulierten Wände höher, so müssen die Wände die nicht vom Boden abgegebene Wärmeleistung mit abdecken. Da unter dem Boden die Warmluft des Hypokaustums liegt, erfolgt hier kein Wärmeabfluss. Dabei entsteht durch die wärmeren Wände ein erhöhter Strahlungseinfluss auf die im Raum befindlichen Menschen.

Da sich in Abhängigkeit von der Außentemperatur die Wärmeverluste der Tubulatur und des Raumes durch die Wände nach außen bei gleicher Hypokaustemperatur ändern, ist ein konstant ausgewogenes Verhältnis der Anteile von Boden und Wänden an der Heizleistung nicht möglich. Kurzzeitige Schwankungen der Außentemperatur im Verlauf eines Tages haben wegen des Wärmespeicherverhaltens kaum einen Einfluss. Diese Abhängigkeit ist auch die Ursache dafür, dass die Beheizung von Hypokausten für mehrere Räume durch ein Präfurnium zu Schwierigkeiten bei unterschiedlichen Außentemperaturen führt. In Weißenburg wurde daher, wie bereits erwähnt, bei späteren Umbauten jeder Raum mit einem eigenen Präfurnium versehen.

X. Einfluss des Raumklimas auf das Wohlbefinden

Von wesentlichem Einfluss auf das Wohlbefinden der Menschen sind die Raumtemperatur, die mittlere Temperatur der Raumumschließungsflächen und die relative Luftfeuchte. Die Raumumschließungsflächen werden von den Wänden, dem Fußboden und der Decke gebildet. Zur gegebenen Raumtemperatur führen warme Wände (und warmer Fußboden) zu einer zusätzlichen Erwärmung der im Raum befindlichen Körper durch Wärmestrahlung (Abb. 36).

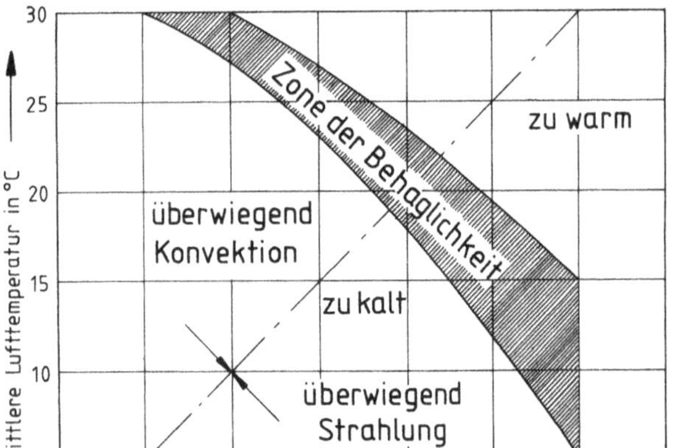

vorhanden, deren Temperatur höher als die Raumtemperatur ist, so tritt mit ansteigender Temperaturdifferenz zwischen Wasseroberfläche und Luft verstärkt eine Verdunstung auf, die bis zur hundertprozentigen Feuchtesättigung der Raumluft führen kann. Wenn die Raumtemperatur ca. 2°C höher als die Wassertemperatur und die Luftfeuchte in etwa gesättigt ist, erfolgt praktisch keine merkliche Verdunstung mehr. Mit abnehmender Raumfeuchte steigt aber die Wasserverdunstung.

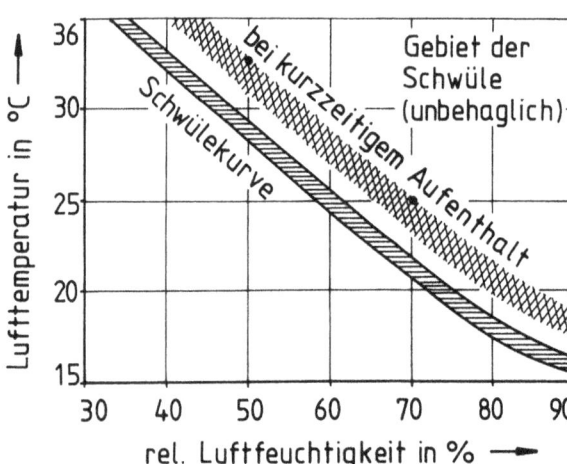

Abbildung 36: Zone der Behaglichkeit abhängig von mittlerer Luft- und Wandtemperatur

Abbildung 37: Einfluss der relativen Luftfeuchte und der Lufttemperatur auf das Schwüle-Empfinden

Ist die Raumtemperatur höher, führt die Wärmestrahlung von niedrigeren Wandtemperaturen zu einem geringeren Einfluss auf das Wohlbefinden. Dagegen ist der Behaglichkeitsbereich breiter für Wandtemperaturen, die deutlich höher als die Raumtemperatur liegen. Dieser Bereich ist jedoch für eine Raumbeheizung durch Hypokausten und Tubulaturen nicht relevant, da mit der Temperatur der tubulierten Wandflächen auch die Raumtemperatur ansteigt. Sind in dem Raum Becken mit warmem Wasser

In Abbildung 37 ist die Schwülekurve in Abhängigkeit von Temperatur und relativer Luftfeuchte dargestellt. Die Kurven gelten für bekleidete Personen. Bei unbekleideten Badegästen kann sich die Schwülekurve zu etwas höheren Raumtemperaturen hin verschieben. Da die Raumtemperaturen für Tepidarien mit ca. 25°C und für Caldarien mit etwa 30°C anzunehmen sind, sollte die Raumfeuchte etwa zwischen 60 und 75% betragen, damit sich die Badegäste auch noch bei längerem Verweilen wohl fühlen können. Um bei auftretender Verdunstung durch Wasserbecken die Feuchtewerte zu reduzieren, muss eine Belüftung der Räume durch einen entsprechenden Luftaustausch erfolgen. Da im Falle römischer Thermen genügend trockene Luft meistens wohl nur aus der Außenatmosphäre entnommen werden konnte, entstand ein zusätzlicher Wärmebedarf, um die kühlere Außenluft auf Raumtemperatur zu erwärmen.

Ein weiteres Problem ergab sich dabei, dass die Belüftung ohne Zugerscheinungen für die unbekleideten Badegäste erfolgen musste. Man kann wohl davon ausgehen, dass in der Antike in den Caldarien wegen der vorhandenen Wasserbecken eine Luftfeuchte von etwa 75% angestrebt wurde.

Als Beispiel für den Lüftungswärmebedarf soll eine Berechnung anhand der bei den Versuchen in Xanten gemessenen Daten betrachtet werden: Die Ergebnisse der Klimaberechnung für das Caldarium der römischen Therme in Xanten im Sommer- und Winterversuch sind zusammengefasst in nachstehender Tabelle 3.

Ursache für den höheren Anteil der Lüftungswärme an dem Gesamtwärmebedarf im Sommer ist die Tatsache, dass die absolute Feuchte der Außenluft im Sommer höher als im Winter ist. Die Belüftung in römischen Themen erfolgte wohl dadurch,. dass möglichst aus wärmeren Nachbarräumen die trockenere Zuluft durch entsprechende Öffnungen am Boden geleitet, während die Abluft aus Fensteröffnungen unter der Decke abgeführt wurde. Dabei musste aber immer die Zuluft aus der Außenatmosphäre entnommen und mit der erforderlichen Wärmemenge aufgeheizt werden. Wird die Zuluft teilweise aus der Abluft der vorgeschalteten Räumen entnommen, kann ein Teil der Heizwärme eingespart werden. Wird die Abluft des vorgeschalteten Raumes nach außen abgeleitet, geht die darin enthaltene Wärme verloren. Für Xanten wären 2 Öffnungen mit einem Querschnitt von etwa 15 mal 30cm am Boden erforderlich gewesen, wobei im Sommer der Luftaustausch mit einer Geschwindigkeit von ca. 0,69m/s erfolgt wäre. Bei den Versuchen erfolgte die Belüftung jedoch teilweise durch Öffnen der Tür zum Tepidarium.

Als weiteres Beispiel für die Klimaverhältnisse in Römischen Thermen wird eine Berechnung für die großen Thermen in Weißenburg angefügt. Die entsprechenden Berechnungsblätter „Klimaberechnung für Römische Therme Weißenburg, Raum Caldarium", wiederum für Sommer- und Winterversuch, finden sich unten in Anhang I, Tabellen 5 und 6. Die Ergebnisse sind zusammengefasst in Tabelle 4 auf der folgenden Seite.

Im Sommer- und Winterversuch sind gleiche Raum- und Beckenwassertemperaturen gewählt. Die im Sommer um den Faktor 2,4 gegenüber dem Winter höhere absolute Außenluftfeuchte hat zur Folge, dass im Sommer ein größeres Luftvolumen für die Belüftung erwärmt und dabei getrocknet werden muss. Infolge dieses höheren Wärmeaufwands bleibt hier der prozentuale Anteil der Lüftungswärme an dem Gesamtwärmebedarf etwa gleich. Da die absoluten Feuchten der Außenluft in Weißenburg gegenüber den Verhältnissen von Xanten im Sommerversuch um ca. 30% niedriger und im Winter etwa 17% niedriger sind, ergeben sich so andere prozentuale Anteile für die Zulufterwärmung an dem gesamten Energieaufwand. Aus den angeführten Beispielen kann man erkennen, dass zusätzlich zur Deckung der Wärmeverluste nach außen ein merklicher Energieanteilanteil zum Erwärmen der erforderlichen Zuluftmenge nötig ist.

	Sommerversuch	Winterversuch
Raumvolumen V_R	142m³	142m³
Außentemperatur T_a	20,8°C	1,9°C
Relative Luftfeuchte phi_a	78%	98%
Absolute Luftfeuchte x_a	12,2g/kg	4,73g/kg
Baderaumtemperatur T_i	37,5°C	31,2°C
Relative Luftfeuchte phi_i	72%	72%
Absolute Luftfeuchte x_i	30,4g/kg	21,0g/kg
Wassertemperatur T_b	42°C	30°C
Verdunstete Wassermenge m_w	5068g/h	1202g/h
Lüftungsvolumen V_a	223m³/h	61m³/h
Lüftungsfaktor $X_0 = V_a/V_R$	1,57	0,43
Lüftungswärmebedarf Qlüft	1305W	631W
Gesamtwärmebedarf Q_{ges}	7732W	12010W
Anteil der Lüftungswärme am Gesamtwärmebedarf $q = 0{,}35*V_R*X_0*(T_i - T_a)$	16,67%	5,26%

Tabelle 3: Lüftungswärmebedarf, Herbergsthermen Xanten

	Sommerversuch / Juli	Winterversuch / Januar
Raumvolumen V_R	1053 m³	1053 m³
Außentemperatur T_a	16,9°C	-1,3°C
Relative Luftfeuchte phi_a	75%	98%
Absolute Luftfeuchte x_a	9,10 g/kg	3,89 g/kg
Baderaumtemperatur T_i	32°C	32°C
Relative Luftfeuchte phi_i	75%	75%
Absolute Luftfeuchte x_i	39,18 g/kg	39,18 g/kg
Wassertemperatur T_b	38°C	38°C
Verdunstete Wassermenge m_w	9701 g/h	9701 g/h
Lüftungsvolumen V_a	582 m³/h	423 m³/h
Lüftungsfaktor $X_0 = V_a / V_R$	0,55	0,40
Lüftungswärmebedarf Qlüft	3076 W	4934 W
Gesamtwärmebedarf Qges	23700 W	41000 W
Anteil der Lüftungswärme am Gesamtwärmebedarf $q = 0{,}35 * V_R * X_0 * (T_i - T_a)$	12,98%	12,03%

Tabelle 4: Lüftungswärmebedarf, Große Thermen Weißenburg

XI. Zusammenfassung

Auf einschlägige Literatur wurde eingangs hingewiesen. Heizversuche in rekonstruierten römischen Thermen wurden beschrieben und diskutiert. Für die Klärung der Strömungen in den Tubulaturen waren die von Hüser in der Saalburg durchgeführten und sehr gut dokumentierten Versuche von besonderer Bedeutung. Zusammen mit diesen Untersuchungen ergaben die Heizversuche in den Herbergsthermen von Xanten die Voraussetzung, um Verfahren zur allgemeinen Berechnung des Wärmeverhaltens von rekonstruierten oder auch nur in Rekonstruktionszeichnungen vorhandenen Thermen zu entwickeln. Vergleiche der Berechnungen mit den Ergebnissen der hier vorgestellten Heizversuche haben eine recht gute Übereinstimmung ergeben. Durch die Gegenüberstellung von berechneten mit gemessenen Werten konnte bewiesen werden, dass die vom Verfasser entwickelten Rechenverfahren eine gute Näherung für das Wärmeverhalten und den Holzverbrauch der mit Hypokausten und Tubulaturen versehenen Räume ergeben. Damit werden auch die zunächst hypothetischen Annahmen über das Strömungsverhalten in den Hypokaustsystemen als Theorien bestätigt. Mit den dargestellten Berechnungsverfahren könnte man heute auch mit der antiken Technik ein Thermengebäude erfolgreich projektieren. Beispielsweise wurden für die Herbergsthermen in Xanten und für die großen Thermen in Weißenburg eine Wärme- und Klimaberechnung vorgenommen. Daraus lässt sich abschätzen, welche Bedingungen für ein angenehmes Badeklima einzuhalten waren.

Da sich die Ansprüche der Menschen hinsichtlich ihres Wohlbefindens in warmen Bädern seit der Antike kaum verändert haben dürften, kann man wohl davon ausgehen, dass die antiken Baumeister ihre Thermen ähnlich unseren heutigen Anforderungen erstellten. Obwohl sie keine Möglichkeiten hatten, Temperaturen und Strömung zu messen, ist es bewundernswert, mit welchen empirisch erworbenen Kenntnissen sie die uns noch als Ruinen imponierenden Gebäude errichteten. Dabei mussten von ihnen auch die hier beschriebenen Probleme gelöst werden. Dass sie das erfolgreich getan haben, konnte bei der Nachrechnung festgestellt werden. Verschiedene Umbauten von Thermen lassen erkennen, dass diese nach damals neu gewonnenen Erkenntnissen erfolgten. Es ist zu bewundern, welche technischen Leistungen die antiken Baumeister mit dieser Heizungstechnik bei Thermenbauten im ganzen römischen Weltreich vollbracht haben.

Lfd Nr Htub 0,225 u 0,6 F7,5

Ergebnistabellen für Tubuliberechnung Stand 23.03.2002

Arbeitstag 24.02.04

	A1	A2	A3
Bi in m	0,05	0,08	0,12
Ba in m	0,09	0,12	0,16
Li in m	0,125	0,14	0,2
La in m	0,165	0,18	0,24
Ftub in m²	0,0063	0,0112	0,024

Htub in m
B1 = 0,225
B2 = 0,60

Querschnitt der seitlichen Öffnung Ftubf=7,5 cm²

Lfd.N	Ht	Bi	Ba	Li	La	Htub	Fvx	Rges	Qwges0	Ftub
1	3	0,05	0,09	0,125	0,165	0,225	3,62	3,71898	64,7	0,00625
201	3	0,05	0,09	0,125	0,165	0,6	2,02	5,142	66,3	0,00625
202	3	0,08	0,12	0,14	0,18	0.225	2,26	3,876	70,9	0,0112
203	3	0,08	0,12	0,14	0,18	0,6	1,51	5,2835	72,6	0,0112
204	3	0,12	0,16	0,2	0,24	0.225	1,56	4,3787	96,4	0,024
205	3	0,12	0,16	0,2	0,24	0,6	1,23	5,6252	98,7	0,024
2	4	0,05	0,09	0,125	0,165	0,225	5,35	3,668	88,3	0,00625
206	4	0,05	0,09	0,125	0,165	0,6	2,61	5,021	91,4	0,00625
5	4	0,08	0,12	0,14	0,18	0,225	2,87	3,772	96,6	0,0112
207	4	0,08	0,12	0,14	0,18	0,6	1,76	5,1495	100,1	0,0112
208	4	0,12	0,16	0,2	0,24	0,225	1,80	4,19014	130,7	0,024
209	4	0,12	0,16	0,2	0,24	0,6	1,33	5,54123	135,2	0,024
210	6	0,12	0,16	0,2	0,24	0,225	2,29	4,0529	192,3	0,024
211	6	0,12	0,16	0,2	0,24	0,6	1,51	5,5896	190,1	0,024
7	6	0,08	0,12	0,14	0,18	0,225	4,42	3,738	142,9	0,0112
212	6	0,08	0,12	0,14	0,18	0,6	2,24	5,1909	141,2	0,0112
10	6	0,05	0,09	0,125	0,165	0,225	11,1	3,665	130,7	0,00625
213	6	0,05	0,09	0,125	0,165	0,6	3,94	5,0998	129,1	0,00625
13	8	0,05	0,09	0,125	0,165	0,225	22,9	3,665	173,1	0,00625
16	8	0,05	0,09	0,125	0,165	0,6	5,95	5,148	166,8	0,00625
17	8	0,08	0,12	0,14	0,18	0,225	6,77	3,733	189,1	0,0112
20	8	0,08	0,12	0,14	0,18	0,6	2,86	5,223	166,8	0,0112
21	8	0,12	0,16	0,2	0,24	0,225	2,88	4,000	254,0	0,024
24	8	0,12	0,16	0,2	0,24	0,6	1,71	5,625	244,9	0,024
25	10	0,12	0,16	0,2	0,24	0,225	3,56	4,005	308,8	0,024
28	10	0,12	0,16	0,2	0,24	0,6	1,99	5,529	318	0,024
29	10	0,08	0,12	0,14	0,18	0,225	10,1	3,755	230,3	0,0112
32	10	0,08	0,12	0,14	0,18	0,6	7,27	5,128	237,1	0,0112
33	10	0,05	0,09	0,125	0,165	0,225	45,3	3,688	210,8	0,00625
36	10	0,05	0,09	0,125	0,165	0,6	9,78	5,057	217	0,00625
Lfd.N	Ht	Bi	Ba	Li	La	Htub	Fvx	Rges	Qwges0	Ftub

Anhang I Tabelle 1: Ergebnistabellen für Tubuliberechnung
Querschnitt der seitlichen Tubuliöffnungen = 7,5 cm²

Ergebnistabellen für Tubuliberechnung Stand 23.03.2002

sortiert nach Tubuli lfd.Nr

Arbeitstag   24.02.04

C = 0,313 für Tt =   40,7 °C
              Ti =   32 °C

Geschwindigkeiten Vx in m/s
Temperaturen Tta in °C
Leistungen Qw in W
Eta und Keta in %

Lfd.Nr	Qtwinges	Eta%	Qwimit	Vxges1	Vxmin	Ttamax	Ttaxob	Deltat	Keta%	Qtwin0
1	25,33	39,15	25,5859	1,061	0,293	47,1	40,0	12,24	102,11	24,80544
201	28,04	42,29	28,3232	0,911	0,451	47,2	40,4	12,48	113,04	24,80544
202	28,7	40,48	26,5741	0,852	0,377	45	40,6	8,22	106,06	27,06048
203	30,5	42,01	28,2407	0,739	0,489	45,1	40,8	8,43	112,71	27,06048
204	39,2	40,66	27,2222	0,669	0,429	43,7	40,8	5,72	108,65	36,08064
205	40,91	41,45	28,4097	0,6	0.488	43,8	40,8	5,92	113,38	36,08064
2	32,49	36,80	24,6136	1,34	0,25	48,3	39,2	14,44	98,23	33,07392
206	37,48	41,01	28,3939	1,161	0,445	48,5	40	14,83	113,32	33,07392
5	38,33	39,68	26,6181	1,078	0,376	45,7	40,4	9,62	106,23	36,08064
207	37,48	37,44	26,0278	0,936	0,532	45,9	40,6	9,88	103,88	36,08064
208	52,87	40,45	27,5365	0,848	0,471	44,2	40,8	6,6	109,90	48,10752
209	55,81	41,28	29,0677	0,751	0,565	44,3	40,8	6,86	116,01	48,10752
210	76,86	39,97	26,6875	1,153	0,504	44,8	40,6	7,88	106,51	72,16128
211	77,95	41,00	27,066	0,983	0,651	44,8	40,8	7,89	108,02	72,16128
7	53,87	37,70	24,9398	1,463	0,331	46.8	39,8	11,69	99,54	54,12096
212	57,43	40,67	26,588	1,236	0,552	46,8	40,4	11,59	106,11	54,12096
10	41,66	31,87	21,0404	1,807	0,163	49,9	37,4	17,49	83,97	49,61088
213	49,87	38,63	25,1869	1,538	0,392	49,9	39,2	17,64	100,52	49,61088
13	47,15	27,24	17,8598	2,221	0,097	49,9	35,4	19,81	71,28	66,14784
16	59,78	35,84	22,6439	1,886	0,317	51,2	38,1	20,07	90,37	66,14784
17	66,61	35,22	23,1285	1,812	0.268	47,7	38,9	13,44	92,31	72,16128
20	72,29	43,34	25,1007	1,516	0,53	47,6	40,1	13,16	100,18	72,16128
21	99,76	39,28	25,9792	1,433	0,498	45,4	40,4	9,01	103,68	96,21504
24	99,77	40,74	25,9818	1,197	0,709	45,3	40,7	8,83	103,69	96,21504
25	118,82	38,48	24,7542	1,678	0,471	45,9	40,2	9,89	98,80	120,2688
28	128,18	40,31	26,7042	1,443	0,725	46	40,5	10,1	106,58	120,2688
29	75,2	32,65	20,8889	2,11	0,209	46,4	38	14,74	83,37	90,2016
32	83,70	35,30	23,25	1,902	0,262	49,2	38,5	16,27	92,79	90,2016
33	50,37	23,89	15,2636	2,57	0,057	51,9	33,6	21,37	60,92	82,6848
36	69,77	32,15	21,1424	2,279	0,233	52,8	36,5	23,2	84,38	82,6848
Lfd.Nr	**Qtwinges**	**Eta**	**Qwimit**	**Vxges1**	**Vxmin**	**Ttamax**	**Ttaxob**	**Deltat**	**Keta**	**Qtwin0**

Anhang I Tabelle 2: Ergebnistabellen für Tubuliberechnung
Querschnitt der seitlichen Tubuliöffnungen = 7,5 cm^2

Lfd Nr Htub 0,225 u 0,6
F15

Ergebnistabellen für Tubuliberechnung Stand 23.03.2002

Arbeitstag: 23.02.04

	A1	A2	A3	
Bi in m	0,05	0,08	0,12	Htub in m
Ba in m	0,09	0,12	0,16	B1=0,225
Li in m	0,125	0,14	0,2	B2=0,600
La in m	0,165	0,18	0,24	

Querschnitt der seitlichen Öffnung FtubF=15 cm²

Lfd.Nr	Ht	Bi	Ba	Li	La	Htub	Rges	Ftub	Qwges0
301	3	0,05	0,09	0,125	0,165	0,225		0,00625	
302	3	0,05	0,09	0,125	0,165	0,6		0,00625	
303	3	0,08	0,12	0,14	0,18	0.225	3,2387	0,0112	70,9
304	3	0,08	0,12	0,14	0,18	0,6	4,30238	0,0112	72,6
305	3	0,12	0,16	0,2	0,24	0.225		0,024	
306	3	0,12	0,16	0,2	0,24	0,6		0,024	
307	4	0,05	0,09	0,125	0,165	0,225		0,00625	
308	4	0,05	0,09	0,125	0,165	0,6		0,00625	
309	4	0,08	0,12	0,14	0,18	0,225	3,1909	0,0112	96,9
310	4	0,08	0,12	0,14	0,18	0,6	4,16434	0,0112	100,1
311	4	0,12	0,16	0,2	0,24	0.225		0,024	
312	4	0,12	0,16	0,2	0,24	0,6		0,024	
313	6	0,05	0,09	0,125	0,165	0,225		0,00625	
314	6	0,05	0,09	0,125	0,165	0,6		0,00625	
315	6	0,08	0,12	0,14	0,18	0,225	3,1853	0,0112	142,9
316	6	0,08	0,12	0,14	0,18	0,6	4,1868	0,0112	141,2
317	6	0,12	0,16	0,2	0,24	0.225		0,024	
318	6	0,12	0,16	0,2	0,24	0,6		0,024	
319	8	0,05	0,09	0,125	0,165	0,225		0,00625	
320	8	0,05	0,09	0,125	0,165	0,6		0,00625	
321	8	0,08	0,12	0,14	0,18	0,225	3,1848	0,0112	189,1
322	8	0,08	0,12	0,14	0,18	0,6	4,21159	0,0112	182,3
323	8	0,12	0,16	0,2	0,24	0,225		0,024	
324	8	0,12	0,16	0,2	0,24	0,6		0,024	
325	10	0,05	0,09	0,125	0,165	0,225		0,00625	
326	10	0,05	0,09	0,125	0,165	0,6		0,00625	
327	10	0,08	0,12	0,14	0,18	0,225	3,20117	0,0112	230,3
328	10	0,08	0,12	0,14	0,18	0,6	4,14739	0,0112	237,1
329	10	0,12	0,16	0,2	0,24	0,225		0,024	
330	10	0,12	0,16	0,2	0,24	0,6		0,024	
Lfd.N	Ht	Bi	Ba	Li	La	Htub	Rges	Ftub	Qwges0

Anhang I Tabelle 3: Ergebnistabellen für Tubuliberechnung
Querschnitt der seitlichen Tubuliöffnungen = 15 cm²

Ergebnistabellen für Tubuliberechnung Stand 23.03.2002

sortiert nach Tubuli lfd.Nr

Arbeitstag 28.02.04

$C = 0{,}313$ für $Tt = 40.7\ °C$

Querschnitt der seitlichen Öffnung FtubF=15 cm²

Lfd.Nr	Qtwinges	Eta%	Qwimit	Vxges1	Vxmin	Ttamax	Ttaxob	Deltat	Keta%	Qtwin0
301		#DIV/0!	0						0,00	0,56376
302		#DIV/0!	0						0,00	1,50336
303	28,28	39,89	26,1852	0,936	0,281	45	40,5	8,3	104,51	27,06048
304	30,57	42,11	21,2292	0,818	0,411	45,1	40,8	8,42	112,97	27,06048
305		#DIV/0!	0						0,00	36,08064
306		#DIV/0!	0						0,00	36,08064
307		#DIV/0!	0						0,00	33,07392
308		#DIV/0!	0						0,00	33,07392
309	37,2	38,39	25,8333	1,189	0,258	45,8	40,1	9,66	103,10	36,08064
310	41,35	41,31	21,5365	1,043	0.419	45,9	40,6	9,92	114,60	36,08064
311		#DIV/0!	0						0,00	48,10752
312		#DIV/0!	0						0,00	48,10752
313		#DIV/0!	0						0,00	49,61088
314		#DIV/0!	0						0,00	49,61088
315	50,38	35,26	23,3241	1,043	0,19	46,9	39,1	11,78	93,09	54,12096
316	56,33	39,89	19,559	1,328	0,39	46,8	40,2	11,69	104,08	54,12096
317		#DIV/0!	0						0,00	72,16128
318		#DIV/0!	0						0,00	72,16128
319		#DIV/0!	0						0,00	66,14784
320		#DIV/0!	0						0,00	66,14784
321	59,74	31,59	20,7431	1,959	0,129	47,7	37,8	13,39	82,79	72,16128
322	69,44	38,09	18,0833	1,694	0,337	47,6	39,6	13,25	96,23	72,16128
323		#DIV/0!	0						0,00	96,21504
324		#DIV/0!	0						0,00	96,21504
325		#DIV/0!	0						0,00	82,6848
326		#DIV/0!	0						0,00	82,6848
327	65,25	28,33	18,125	2,272	0,086	48,7	36,6	14,49	72,34	90,2016
328	83,97	35,42	17,4938	2,046	0,268	48,7	38,6	15,22	93,09	90,2016
329		#DIV/0!	0						0,00	120,2688
330		#DIV/0!	#DIV/0!						0,00	120,2688
Lfd.Nr	**Qtwinges**	**Eta%**	**Qwimit**	**Vxges1**	**Vxmin**	**Ttamax**	**Ttaxob**	**Deltat**	**Keta**	**Qtwin0**

Anhang I Tabelle 4: Ergebnistabellen für Tubuliberechnung
Querschnitt der seitlichen Tubuliöffnungen = 15 cm²

Klimaberechnung für Römische Thermen Weißenburg, Raum Caldarium

24.02.04   Berechnung Nr.

1. Vorgegebene Daten:

Monat:	Juli	T_a = 16,9 °C
Rel.Feuchte der Aussenluft:		phia= 75 %
Abs.Feuchte der Aussenluft:		x_a= 9,10 g/kg
Formel für Berechnung der abs.Feuchte aus		Faktor für Exponentialber.
Temperatur und Rel.Feuchte:	x=phia*a*EXP(b*T)	Faktor für Exponentialber
Raumtemperatur:		T_i = 32 °C
Relative Feuchte der Raumluft:		phii= 75 %
Abs.Feuchte der Raumluft:		x_i= 22,9868 g/kg
Raumvolumen:	V_R/m^3 = 1053	
Fläche des Warmwasserbeckens Ost:	F_{be1}/m^2 = 7,5	
	Wassertemperatur des Beckens T_{b1}=	38 °C
Sättigungsfeuchte über Becken:		x_{bs1}= 44,30 g/kg
Fläche des Warmwasserbeckens West:	F_{be2}/m^2 = 7,5	
	Wassertemperatur des Beckens T_{b2}=	36 °C
Sättigungsfeuchte über Becken:		x_{bs2}= 39,18 g/kg
Fläche des Warmwasserbeckens Süd:	F_{be3}/m^2 = 12	
	Wassertemperatur des Beckens T_{b3}=	40 °C
Sättigungsfeuchte über Becken:		x_{bs3}= 50,09 g/kg
Gesamtwärmebedarf		Q_{ge}= 23700 W

2. Berechnung des Volumens der Belüftungszuluft und der erforderlichen Heizleistung:

Verdunstungszahl Sigma1		Sigma1 = 20
Verdunst.Wassermenge aus Becken m_{wges} = Summe(F_{be}*Sigma1*(x_{bs}-x_i))		m_w = 9701,62 g/h
Dichte der Luft (annähernd 1,2 kg/m³)		rho= 1,2 kg/m³
Aussenluftvolumenstrom: $V_a = m_w / rho*(x_i - x_a)$		V_a= 581,997 m³/h
Lüftungsfaktor $X_0 = V_a/V_R$		X_0= 0,55
Lüftungswärmebedarf: $Q_{lüft}$ = 0.35 *V_R*x*($T_i - T_a$)		$Q_{lüft}$= 3076 W
Anteil der Lüftungswärme an dem ges. Wärmebedarf q=100*$Q_{lüft}/Q_{ges}$		q= 12,98 %

Anhang 1 Tabelle 5: Klimaberechnung Therme Weißenburg Sommer

Klimaberechnung für Römische Thermen Weißenburg, Raum Caldarium

24.02.04   Berechnung Nr.

1. Vorgegebene Daten:

Monat:	Januar	$T_a =$	-1,3 °C
Rel.Feuchte der Aussenluft:		phia=	98 %
Abs.Feuchte der Aussenluft:		$x_a=$	3,89 g/kg
Formel für Berechnung der abs.Feuchte aus		Faktor für Exponentialber.	
Temperatur und Rel.Feuchte:	x=phia*a*EXP(b*T)	Faktor für Exponentialber	
Raumtemperatur:		$T_i =$	32 °C
Relative Feuchte der Raumluft:		phii=	75 %
Abs.Feuchte der Raumluft:		$x_i=$	22,9868 g/kg
Raumvolumen:	$V_R/m^3 =$ 1053		
Fläche des Warmwasserbeckens Ost:	$F_{be1}/m^2 =$ 7,5		
	Wassertemperatur des Beckens $T_{b1}=$		38 °C
Sättigungsfeuchte über Becken:		$x_{bs1}=$	44,30 g/kg
Fläche des Warmwasserbeckens West:	$F_{be2}/m^2 =$ 7,5		
	Wassertemperatur des Beckens $T_{b2}=$		36 °C
Sättigungsfeuchte über Becken:		$x_{bs2}=$	39,18 g/kg
Fläche des Warmwasserbeckens Süd:	$F_{be3}/m^2 =$ 12		
	Wassertemperatur des Beckens $T_{b3}=$		40 °C
Sättigungsfeuchte über Becken:		$x_{bs3}=$	50,09 g/kg
Gesamtwärmebedarf		$Q_{ge}=$	41000 W

2. Berechnung des Volumens der Belüftungszuluft und der erforderlichen Heizleistung:

Verdunstungszahl Sigma1	Sigma1 =	20
Verdunst.Wassermengeaus Becken mw = Fbe*Sigma1*(xbs-xi)	mw =	9701,62 g/h
Dichte der Luft (annähernd 1,2kg/m³	rho=	1,2 kg/m³
Aussenluftvolumenstrom: Va=mw/rho*(xi-xa)	Va=	423,299 m³/h
Lüftungsfaktor X0 = Va/VR	X0=	0,40
Lüftungswärmebedarf: Qlüft =0.35 *VR*x*(Ti - Ta)	Qlüft=	4934 W
Anteil der Lüftungswärme an dem ges. Wärmebedarf q=100*Qlüft/Qges	q=	12,03 %

Anhang 1 Tabelle 6: Klimaberechnung Therme Weißenburg Winter

Anhang II: Das Rechenprogramm

1. Möglichkeiten des Rechenprogramms

Das Rechenprogramm ermöglicht die Berechnung des Brennholzbedarfes für einen mit Hypokaustum und Tubulaturen versehenen Raum, wenn dessen Innen- und Außentemperatur, sowie die Temperaturen der benachbarten Räume bestimmbar sind. Das Programm ist in Q-Basic erstellt. Voraussetzung ist, dass eine genaue Rekonstruktion des Gebäudes vorhanden ist, aus der sich die geometrischen Abmessungen von Wänden, Türen, Decken und Fenstern sowie deren Materialbeschaffenheit ermitteln lassen.

Es wird davon ausgegangen, dass vom Präfurnium (der Feuerstelle) heiße Verbrennungsgase in das Hypokaustum strömen und von da durch Abluftkanäle ins Freie gelangen. Aus dem aufgeheizten Hypokaustum steigen als zirkulierende Strömung heiße Gase in den Tubuli auf, kühlen sich ab und fließen in benachbarten Tubuliröhren wieder in das Hypokaustum zurück.

Bei Vorgabe der Raumtemperatur kann der Brennstoffverbrauch und umgekehrt bei Vorgabe der Brennstoffmenge die Raumtemperatur ermittelt werden.

Die Berechnungen gelten nur für konstante Temperaturverhältnisse. Zeitliche Temperaturänderungen können nicht berücksichtigt werden. Da jedoch das Hypokaustsystem eine sehr große thermische Trägheit infolge seines Wärmespeicherverhaltens besitzt, können kurzzeitige Temperaturschwankungen vernachlässigt werden.

Für die Erstellung des Rechenprogrammes sind folgende Schritte vorzunehmen:

1. Die geometrischen Abmessungen für den zu untersuchenden Raum werden zusammengestellt.
2. Dann werden die Wärmedurchgangsfaktoren für die einzelnen Bauelemente bestimmt.
3. Die Innentemperatur und die Außentemperatur sind festzulegen.
4. Auch die Innentemperaturen der benachbarten Räume sind festzulegen.
5. Die Flächen von in den Wänden eingelassenen Tubulaturen sind zu erfassen.
6. Die Höhe der tubulierten Flächen und die Abmessungen der Tubulisteine sind zu bestimmen.
7. Mit den unter Punkt 1 bis 6 bestimmten Werten wird dann das Rechenblatt mit Angabe der M-Werte ausgefüllt, um die Translations-Wärmeverluste zu ermitteln.
8. Dann werden die diese Werte in das Computerprogramm eingegeben.
9. Die anteilige Wärmeleistung von Hypokaustboden und tubulierten Wandflächen werden durch Iteration berechnet. Dabei werden in einer Rechenschleife mit einem kleinen Korrekturwert die Berechnung des Verhältnisses von Heizleistungen des Fußbodens über dem Hypokaustum zur Heizleistung durch die tubulierte Wand solange durchlaufen, bis die Summe der beiden Leistungen dem berechneten Wert der Translationsverluste entspricht.
10. Die mittleren Gastemperaturen in der Tubulatur T_t und im Hypokaustum T_{hr} werden mit den unter Punkt 9 ermittelten Wärmeleistungen und den Wärmeübergangswerten zum Rauminneren hin berechnet.
11. Weiterhin werden die Wärmeverluste berechnet, die von den Tubulaturen in die Wand und aus dem Hypokaustum in den Boden und seine Seitenwände bei Berücksichtigung der entsprechenden Wärmeübergangswerte entstehen.
12. Mit einem gesonderten Rechenprogramm sind der Strömungswiderstandsbeiwert der Tubulaturpaare und ein Faktor für ihre Wärmeabgabe zu bestimmen.
13. Dann können die Einströmtemperatur der Heizgase, die aus dem Hypokaustum in die Tubulatur kommen, und deren Ausströmtemperatur sowie die entsprechenden Strömungsgeschwindigkeiten der Heizgase bestimmt werden.
14. Die Strömungsgeschwindigkeit der vom Präfurnium kommenden Heizgase bleibt im ganzen Heizsystem in etwa konstant. Durch Wärmeabgabe kühlen sich die Gase ab. Die in den Tubulaturen entstehenden zirkulierenden Strömungen führen weiterhin zu einer Abkühlung der Hypokaustgase. Das Rechenprogramm berücksichtigt die Abkühlung der mittleren Gastemperatur des Hypokaustums durch die Verlustleistung der Tubulaturen.
15. Ist eine Testudo zum Erwärmen eines Wasserbeckens vorhanden, tritt eine weitere Abkühlung der vom Präfurnium kommenden Heizgase ein. Das gilt auch für einen Warmwasserkessel, der im Bereich des Präfurniums vorhanden sein kann. Entsprechende Daten sind in das Programm einzugeben, damit die entstehenden Wärmeverluste berechnet werden können.
16. Die Wärmeverluste im Heizraum und im Heizkanal zum Hpokaustum in das Erdreich sind dadurch zu berücksichtigen, dass die entsprechenden Daten für die wärmeabgebenden Flächen, deren Temperaturen und ihre Wärmeübergangszahlen in das Programm eingegeben werden.
17. Mit der ermittelten Heizleistung zur Deckung der gesamten Wärmeverluste wird dann der Brennstoffbedarf berechnet.
18. Der untere Heizwert des Brennholzes, sowie dessen Wassergehalt müssen bekannt sein und in das Programm eingegeben werden.
19. Um die Gasgeschwindigkeit im Präfurnium zu bestimmen ist ein geschätzter Lambda-Wert von ca.12 anzunehmen
20. In dem Rechenprogramm kann mit den festgelegten Parametern gewählt werden, ob bei vorgegebener Rauminnen-Temperatur der Brennstoffbedarf oder bei vorgegebenen Brennstoffeinsatz, die sich ergebende Rauminnen-Temperatur bestimmt werden sollen.

2. Ermittlung der Abmessungen und Wärmedurchgangswerte der Bauelemente

Für Türen und Fenster lassen sich die Wärmedurchgangsfaktoren aus Tabellen entnehmen. Für verputzte Wände mit oder ohne Tubulaturen, sowie für den Fußboden zum Hypokaustum und die Raumdecke sind gesonderte Berechnungen mit Hilfe von Querschnittszeichnungen erforderlich. Als Beispiel dienen Blätter für die Wärmeberechnung der Viehmarkt-Therme in Trier (unten Anhang II 10. Rechnerausdruck).

Die entsprechenden Teilflächen der einzelnen Wandelemente müssen aus den Rekonstruktionsplänen entnommen werden. Ferner sind die Außentemperatur und die Innentemperatur des zu beheizenden Raumes sowie die Innentemperaturen der benachbarten Räume zu bestimmen.

3. Ermittlung des Raumwärmebedarfes

Zur Ermittlung des Wärmebedarfes für Heizungsanlagen nach DIN 4701 wird ein etwas abgeändertes Formblatt verwendet. Mit dem Formblatt TrformC2 (unten Anhang II 10) kann für vorgegebene Außentemperatur T_a und Raumtemperatur T_i die Berechnung erfolgen.

Die wesentlichen Daten für die Abmessungen des Raumes sowie für die Wand- und Deckenelemente, durch die die Wärme abfließen kann und die nicht durch ein Tubulatur oder den Fußboden beheizt werden, sind hier einzutragen. Ferner sind die vorher bestimmten genormten Wärme-Durchgangskoeffizienten und die Temperaturdifferenzen für die einzelnen Bauelemente einzugeben. Der Transmissionswärmebedarf des Bauteiles bestimmt sich dann zu:

$$Qx = Fx*Kx*(Ti - Tx) \text{ in Watt}$$

Im Formblatt wird auf Eingabe von Werten für den Einfluss von Fugen verzichtet. Der Raumwärmebedarf Qw setzt sich zusammen aus dem Transmissions-Wärmebedarf Qrt, der sich aus der Summe der Wärmeverluste der einzelnen Bauelemente und dem Lüftungswärmebedarf Qlüft ergibt:

$$Qw = Qrt + Qlüft$$
$$Qlüft = VR*0{,}34*x$$

VR = Raumvolumen, x = Lüftungsfaktor der den stündlichen Luftaustausch für den Raum angibt.

Der Raumwärmebedarf Qh muss durch die Heizleistung der tubulierten Wände Qtr und des Bodens über dem Hypokaustum Qhr gedeckt werden:

$$Qw = Qh = Qtr + Qhr$$

Die von der tubulierten Wand in den Raum abgegebene Wärmemenge bei der mittleren Tubuli-Gastemperatur Tt

$$Qtr = Ft*Kt*(Tt - Ti)$$

Die vom Raumboden abgegebene Wärmemenge ist bei der mittleren Hypokaust-Gastemperatur Thr

$$Qhr = Ki*Fb*(Thr - Ti)$$

Damit der Rechner mit verschiedenen Temperaturwerten arbeiten kann, werden Flächenleistungsfaktoren M eingeführt. Dabei werden alle Werte mit den gleichen Temperaturanfangs- und Endwerten zusammen gefasst:

$$(Tanf - Tend)$$

Tubulierte Innenwand:	M 1 = Kt*Ft	mit (Tt - Ti)
Heizender Boden:	M 2 = Ki*Fb	mit (Thr - Ti)
Außenwand:	M 3 = ka*Fa	mit (Ti - Ta)
Decke:	M 4 = kd*Fd	mit (Ti - Td)
Unbeheizter Nebenraum:	M 5 = kn1*Fn1	mit Ti - Tn0
Hypokaustgrund:	M 6 = Kn2*Fn2	mit (Th - Tn1)
Lüftungswärmebedarf:	M 7 = Vr*0.34*x m.	(Ti - Tn0)
Tubulierte Außenwand:	M 8 = Ft*Kta	mit (Tt - Ta)
Tubulierte Innenwand:	M 9 = kta*Fx	mit (Tt - Tn0)
Beheizter Innenraum:	M 10 = kn3*Fn3	mit (Ti - Tn2)
Wasserbeckenerwärmung:	M11 = kn4*F4	mit (Thr - Ti)
Testudoerwärmung:	M12	mit (Tsd - Twtest)
Wasserkesselerwärmung:	M 13	mit (Tk - Tn3)

Wärmeleitwert
von Tubulusstrang nach Innen   für Tt zu Ti : Kt
Wärmeübergangswerte
der tubulierten Wandflächen   für Tw zu Ti : Kw
Wärmeleitwert
von Hypokaustgas in den Raum   für Thr zu Ti : Kh
Wärmeübergangswerte
für beheizten Boden in den Raum für Tb zu Ti : Kl

Ta = Außentemperatur
Td = Temperatur des Dachraumes: Td = 0.958*Ta + 3.5
Ti = Raumtemperatur von Raum C
Tk = Temperatur des Kesselwassers
Tn0 = Temperatur eines unbeheizten Nebenraumes:
Tn0 = 0.5*Ta + 9
Tn1 = Temperatur von beheiztem Nebenraum (Raum D)
Tn2 = Innentemperatur von Raum B und C
Ttb = Tubulitemperatur von Raum B
Twtest = Wassertemperatur der Testudo

Dimensionen:
M in W/K; F in m²; k in W/m²*K; T in K; 273K = 0°C

Die Wärmeverluste des Raumes sind Qw: siehe Formelzusammenstellung S. 51 Formel 1.

Die durch die beheizten Wände und Böden aufzubringende Heizleistung ist

$$Qh = Qtr + Qhr = M1*(Tt - Ti) + M 2*(Th - Ti)$$

Für die mittlere Hypokaust-Gastemperatur wird eingesetzt:

$$Th = Po*Tt$$

Da Qh = Qw, ergibt sich die Formel 2 der Formelzusammenstellung S. 51.

Durch Iteration von Po kann dann Tt ermittelt werden. Po stellt das Verhältnis von Th zu Tt dar. Po wird jeweils durch einen kleinen Korrekturfaktor auf P1o verringert und durchläuft das Rechenprogramm solange in einer Schleife bis die Differenz Delp = (Po - P1o)² < 25 wird. Dann wird die Berechnung fortgesetzt.

Die mittlere Gastemperatur in den Tubulisträngen ist Tt: siehe Formelzusammenstellung S. 51 Formel 3.

Die mittlere Wandtemperatur ist:

$$Tw = (Kt*(Tt - Ti)*Kt/Kw) + Ti$$

Die mittlere Hypokaustgastemperatur ist:

$$Thr = Po*Tt \quad P1o = Ah + Bh$$
$$Ah = (Qtw*p2*Vh*(2*Tt - Tw)/2) - (M2*Ti*p1*Vt*(Tt - Tw))$$
$$Bh = Tt*((Qtw*p2*Vh/2) - (M2*p1*Vt*(Tt - Tw))$$

Die spezifische Gasdichte bei der Temperatur Tt ist p1 und für Thr ist sie p2, jeweils in kg/m³.

4. Von Tubulatur und Hypokaustum nach außen abgegebene Wärmeleistung

Nachdem die Wärmeleistung zur Deckung der vom Raum abgegebenen Wärme ermittelt und damit die mittleren Temperaturen der Heizgase für die Wandtubulaturen Tt und für das Hypokaustum Thr bestimmt wurden, müssen die Wärmeverluste berechnet werden, die von Tubulatur und Hypokaustum nach außen entstehen. Von den Tubulisträngen wird Wärme nach außen und gegebenenfalls nach anliegenden Räumen abgegeben.
Für die Tubulaturen gelten als Verluste:

Tubulierte Außenwand: $Qbt = M8*(Tt - Ta)$
Tubulierte Innenwand: $Qct = M9*(Tt - Tn0)$
Beheizter Nebenraum: $Qdt = M11*(Tt - Tn3)$
Die gesamte Heizleistung für die Tubulaturen ist:
$$Qtw = Qtr + Qtb + Qct + Qdt$$
Für das Hypokaustsystem gelten als Verluste
durch den Hypokaustgrund: $Qhb = M6*(Th - Tn1)$
Die Heizleistung des Hypkaustums zum Rauminneren ist
$$Qhr = M2*(Th - Ti), \quad Qh = Qhr + Qhb$$
Das Hypokaustum muss dann vom Präfurnium her mit einer Wärmemenge Qw1 gespeist werden:
$$Qw1 = Qtw + Qh$$

Formel 1
$$Qw = M3*(Ti - Ta) + M4*(Ti - Td) + M5*(Ti - Tn0) + M7*(Ti - Tn0) + M10*(Ti - Tn2)$$

Formel 2
$$Qw = M1*(Tt - Ti) + M2*(Po*(Tt - Ti)) - (M3*(Ti - Ta) + M4*(Ti - Td) + M5*(Ti - Tn0) + M7*(Ti - Tn0) + M10*(Ti - Tn2)) = 0$$

Formel 3
$$Tt = \frac{Ti*(M1 + M2 + M3 + M4 + M5 + M7 + M10) - (M3*Ta + M4*Td + (M5 + M7)*Tn0 + 10*Tn2)}{M1 + Po*M2}$$

5. Bestimmung der Eintrittstemperatur Tt1, der Austrittstemperatur Tt2 und der Gasgeschwindigkeit vtub in den Tubulisträngen

Für die Berechnung der Gasströmungen in den Tubuli ist ein Zusatzprogramm erforderlich. Unter Berücksichtigung der Höhe der Tubulistränge Ht = ntub* Htub (Htub ist Höhe eines Tubulus), der Querschnittsfläche Ft der Tubuli, der Anzahl der Queröffnungen mit der Fläche Ftub, sowie des hydraulichen Widerstandes in den Tubuli wird hier der Verlauf der vertikalen Geschwindigkeit vx und der Geschwindigkeit vy durch die Queröffnungen ermittelt. Als Ergebnisse erhält man den Widerstandsbeiwert Rges, das Geschwindigkeitsverhältnis Fv = vmax/vmin und daraus den Faktor Xv = 2/(1 + 1/Fv) zur Bestimmung der im Tubulistrangpaar wirksamen mittleren Geschwindigkeit vgesmit. Die Berechnungen erfolgen nach Ihle (wie oben S. 33 Anm. 2).
Für Hüsers Untersuchungen in der Saalburg werden hier die Werte für die Gasgeschwindigkeiten vx und vy, sowie die Volumenströme Vx und Vy berechnet. Dabei beträgt der Widerstandsbeiwert oberhalb eines Tubulistrangpaares R0 = 4 und der Gesamtwiderstandsbeiwert Rges = 3,7. Fv = vmax/vmin = 1,4885 und Fvx = 2,91. Die Ergebnisse der Berechnung mit dem Programm Tubuli 40 sind im Diagramm Abb. 28 dargestellt.

In das Tubulistrangpaar treten die Heizgase mit den Temperaturen Tt1 ein und mit Tt2 aus. Die Eintrittsgeschwindigkeit ist vges. In der gesamten Länge L = 2*Ht des Tubulistrangpaares wirkt nur die mittlere Geschwindigkeit vgesmit. Die von der Tubulatur abgegebene Leistung Qtw wurde nach den im vorigen Abschnitt angegebenen Formeln ermittelt. Um diese Leistung aufzubringen, müssen entsprechend heiße Gase durch die Tubuli strömen.

Gleichung 1:
$$Qtw = vges*3600*n*Ft*0,36*(Tt1 - Tt2)/Xv$$

Es müssen Delt t = Tt1 - Tt2 und vges mit berechnet werden. Dies erfolgt durch Bestimmung des Differenzdruckes Z zwischen Ein- und Ausströmöffnungen eines Tubulistrangpaares:
$$Z = \Delta p*2*ht*g = Rges*pt*v^2ges/2$$
Dabei sind
$\Delta p = p12 - p11 = po*((T1-T2)/TT));$
$pt = po*(273 + Tt); \quad T1 = 273 + Tt1; \quad T2 = 273 + Tt2;$
$TT = 273 + Tt; \quad g = 9,81 m/s^2$
Die Luftdichte bei 0°C po = 1,293 kg/m³

Gleichung 2:
$$\Delta T = (T1 - T2) = (Tt1 - Tt2) \text{ bzw.}$$
$$\Delta T = Rges*(273 + Tt)*v^2ges/(4*ht*g)$$

Somit sind auch Tt1 = Tt + DeltaT/2 und Tt2 = T - DeltaT/2 bestimmt. Setzt man das Ergebnis von Gleichung 2 in Gleichung 1 ein, so ergibt die 3.Wurzel daraus vges:

$$Vges = (Qtw*4*Ht*g*Xv/(3600*Ft*0,36*Rges*(273 + Tt)))^{0,333}$$

6. Temperatur Thr1 und Volumen Vheiz der in das Hypokaustum einfließenden Heizgase

Wie bereits unter Punkt 5 angegeben, ist vom Präfurnium eine Leistung aufzubringen von:
$$Qw1 = Qtw + Qh = Qtw + Qhr + Qhb$$
Hierzu muss die Temperatur Thr1 bekannt sein, mit der die Heizgase in das Hypokaustum einfließen.
$$Thr1 = 2*Thr - Tt1$$
wobei die abgekühlten Heizgase das Hypokaustum mit der Temperatur Tt verlassen. Dar stündlich einfließende Volumenstrom Vheiz beträgt:
$$Vheiz = Qw1/(Thr1 - Tt)*0,36$$
Dieser Volumenstrom ist vom Präfurnium zu liefern.

7. Berechnung der Heizleistung Qges, der Abluftverluste Qabgas und des Wirkungsgrades Etasyst

Entstehen zwischen Präfurnium und Hypokaustum weitere Wärmeverluste, wie z.B. durch Wärmeabgabe von den Wänden des Heizkanales und der Heizstelle in den Heizraum, Erwärmung eines Wasserkessels oder eines Badebeckens, so muss die Temperatur des Volumenstroms entsprechend erhöht werden.
$$Qalv1 = M11*(Thr - Twtest)$$
Die Eintrittstemperatur Theiz1 für die Erwärmung des Alveus ist: $Theiz1 = (Qalv1/ Vheiz*0,36) + Thr1$
Die Heizleistung für die Testudo ist:
$$Qtest = ((Thr1 + Theiz1)/2)-Twtest)*M12 + Qalv$$
Die Eintrittstemperatur Theiz2 für die Testudo ist:
$$Theiz2 = (Qtest/Vheiz*0,36) + Theiz1$$
Die nutzbare Heizleistung Qges0 nach der Feuerstelle, über die ein Kessel zur Warmwasserbereitung aufgebaut ist, beträgt:
$$Qges0 = Vheiz*0,36*(Theiz2-Tt) = Qw1 + Qalv + Qtest$$
In den aus den Abluftkaminen austretenden Abgasen ist noch eine Restleistung Qabgas enthalten.
Für die Erwärmung des Kesselwasser werden ca.20% (Etaw = 0,8), für Wärmeverluste des Hypokaustsystems 5% (Etasp = 0,95) der gesamten zugeführten Wärmeleistung Qges angenommen:
$$Qabgas+Qges0)/(Etaw*Etasp) \text{ in W}$$
Der Abgaswirkungsgrad Etasyst des Systems ist
$$Etasyt = Qabgas/Qges$$

8. Ermittlung des Brennholzbedarfes Gholz

Um nun den Brennholzbedarf zu ermitteln, muss die Zusammensetzung des Brennholzes bekannt sein. Die Brennstoffzusammenstellung:

Nholz = 1kg (Für absolut trockenes Holz)
Kohlenstoff cholz = 0,52 Nholz
Wasserstoff hholz = 0,056 Nholz
Sauerstoff oholz = 0,431 Nholz
Wassergehalt Ww = x*Nholz (abhängig vom Trocknungsgrad)
Der Heizwert Qheiz von einem kg Holz (praktisch unabhängig von Holzart) ist:
$$Qheiz = 5200*Nholz-(720*Ww) \text{ in Wh}$$
Der stündliche Brennstoffverbrauch:
$$Gholzo = Qges/Qheiz \text{ in kg}$$
und pro Tag Gholz = 24 Gholzo in kg.

9. Zusammenhang zwischen dem vom Feuer angesaugten Luftvolumen Vluft und dem erforderlichen Heizvolumen Vheiz

Das vom Feuer stündlich angesaugte Luftvolumen Vluft ist:
Vluft = Vheiz = Qges*(cholz*8,89*Lambda+0,743) /Qheiz
Dabei liegt der Mittelwert für Lambda etwa zwischen 8 und 15.
Abhängig vom Wassergehalt Ww des Brennstoffes und der Außentemperatur Ta wird noch die absolute Feuchte des Volumenstroms Vheiz ermittelt und kontrolliert, ob eine Taupunktüberschreitung auftritt. Diese kann zu schädlicher Kondenswasserbildung im Heizsystem führen. Wenn die mittleren Monatstemperaturen für den Standort der Therme vorliegen, kann das Programm automatisch die Monatswerte errechnen.

10. Rechnerausdruck und weitere Rechnungsblätter für die Viehmarktthermen in Trier

Als Beispiele seien abschließend auf den folgenden Seiten der Rechnerausdruck für die Berechnungen der Viehmarktthermen in Trier für den Monat Januar abgebildet und verschiedene Rechnungsblätter aufgeführt, mit denen die Wärmedurchgangskoeffizienten In Abhängigkeit von Dicke und Beschaffenheit der Bauteile ermittelt werden. Ferner ist das Formblatt zur Berechnung des Wärmebedarfs für das westliche Caldarium der Viehmarktthermen in Trier beigefügt.

```
Programm-Name:WÄRMETRC.BAS vom 17.2.93 Arbeitstag:02/22/99


      Raum Nr: 1    Raumbezeichnung:Westliches Caldarium C
Die für die Berechnung nötigen Raumdaten sind:
Raumvolumen Vr= 2926     m^3;Tubulivol.Vt= 7.2 m^3;Hypokaustvol.Vh= 452 m^3
Lüftungsfaktor X:  .2    Tubuliflaeche Ft= 1.25 m^2
M1= 390  M2= 290  M3= 228  M4= 532  M5= 76    M6= 191M7= 199 M8= 38  M9 = 25
Kt= 3.095Kw= 7.69 Kh= 1.155Kl= 7.69 Aw=-2.222 Bw= 71.104    M10= 114M11 = 25
A2x=  1829 B2x=  772.59774 C2x= 0 Z2x= 8526.2184
Qtr= 12760       Qbt= 2406       Qct= 1375       Qdt= 993       Qwb= 0  Qhr=
81  ?hb= 6578  Qgesb= 0
Qhr= 15.481  KW   Qtw= 17.534 KW                    Po = 1.3193026
Temperaturverhältnis Th (Mittel)/Tt( Mittel)        Plo= 1.3156328
Monat:Januar
Tio = 32  K Tn1= 10   K Tn2= 26  K Tn3= 25  K Thrl= 86.6K
Ta  = 1.4 K Td = 4.8  K Ti= 32   K Tno= 9.7 K Ttl= 84.2K Twk= 28  K
Delw= 0K     Tw = 45.2K Tb= 40   K Thr= 85.4K Thb= 44.4K Tt= 64.7 K
von Raum 2b vorgegebene Mindest-Tubuli-Temp.  Ttlo= 0
Heizleistung Qw= 47.84  KW    Lüftungsleistung Ql = 4.4377KW
Heizleistung zur Warmwasserbereitung:  Qwasser= 7.62  KW
Raumheizleistung Qrh= 28241 W Transmission Qrt= 28242 W
Abgaswirkungsgrad:Etal= .29   Abgasverluste:Qabgas= 116.586 KW
Gültige Werte für Theizo= 200      Theiz= 90.701523
Gastemperatur des Feuers:Theiz= 90.7 K  ;Feuer-Gasvolumen:Vheiz= 5114.57  Nm
Gwas= .674Gfeucht= 7
Luftüberschuss Lambda= 30.8 ;Kaminabluftvolumen Vkam= 5115 Nm^3 Vheizb=-0 Nm
R1= 1.0834839  R2= 1.0061143  R3= 1.1564394  R4= .7633
Ablufttemp.Tabl= 64.7 K ;max.Feuchte im Luftsystem Gfeucht= 7 g/m^3
Für Wärmetransport in Tubuli erforderlich:
Luftmenge Vltub= 1225 m^3;Luftgeschw.vgt= .54 m/s

Bei einer Gesamt-Leistung von Qges= 164.426  KW beträgt
im Monat Januar  die erforderliche Heizenergie  Ew= 118386.72KWh
der Holzverbrauch täglich Eht= 1272.975 kg, monatlich Eh= 48.529 Raummeter
```

Berechnung des Brennholzbedarfs für die Viehmarktthermen in Trier

Bestimmung der Wärmeübergangskoeffizienten k für verschiedene Bauteile der Viehmarktthermen in Trier

Bauteil 5	Baustoff	d m	g kg/m³	d*g kg/m²	l W/m*k	Rl m²*K/W	k W/(m²+K)
(Diagramm: d_2, d_4, d_5, T_A, T_B, T_i, d_1, d_3, d_3)	Aussenputz d_1 (Kalkmörtel)	0.005	1800	9	0.87	0.006	
	Ziegelwandstein d_2	0.115	1600	184	0.68	0.169	
	Tubulus d_3	0.02	1200	24	0.50	0.040	
	Ziegelwand ∥ Tubulus lichte Höhe d_4 d.Hohlraum	0.06				$R_L=0.17$	s.S.451 Taf.451.1
Wandelement mit eingesetztem Tubulus: WTH2	Innenputz d_5 (Kalkmörtel)	0.005	1800	9	0.87	0.006 Ri=0.13 Ra=0.13	
nichtangeströmt:N	Wärmefluß vom Innen nach Aussen T_i zu T_A	0.140		217		0.475	$k_A=2.105$
	nach Innen	0.025		33		0.306	$k_i=3.268$

Bauteil 5: Tubulierte Zwischenwand, Caldarium/Tepidarium

Bauteil 6	Baustoff	d m	g kg/m³	d*g kg/m²	l W/m*k	Rl m²*K/W	k(1) W/(m²+K)
(Diagramm: 100 - 500 - 100, d_4, d_3, d_2, d_1, 600 mm)	Innenputz (Kalkmörtel)	d_1=0.03	1800	54	0.87	0.034	
	Ziegelplatte Hinterfüllung	d_2=0.06	1200	72	0.50	0.12	
	Luftschicht	d_L=0.15				R_L=0.14	k'_{Luft}= =1.577
	Holzdiele (Fichte)	d_4=0.03	600	18	0.13	0.08	K'_{Holz} = =0.804
Deckenkonstruktion:DA1	Holzbalken (Fichte)	d_3=0.15	600	90	0.13	0.75	K_{DA}=
nichtangeströmt:N						Ri=0.13 Ri=0.13	$5+k'_{Luft}/6$ $+k'_{Holz}/6$
	Balkenschicht:	0.24		234		R_{Holz}= 1.244	=1.448
	Luftschicht :	0.24		144		R_{Luft}= 0.634	

(1) Der Wärmeübergangskoeffizient für die Deckenkonstruktion wird so ermittelt, als ob die Decke aus einem Teil mit einer massiven Balkenschicht d_4 zum anderen Teil nur aus der Luftschicht d_3 besteht. Das Teilverhältnis ergibt sich aus der Rasterteilung.
Für die Deckenkonstruktion gilt:
$K_{Holz}=100/600*k'_{Holz}$ $k_{Luft}=500/600*k'_{Luft}$
$k= k_{Holz}+k_{Luft}$

Bauteil 6: zweilagige Deckenkonstruktion

Ermittlung der Wärmeübergangskoeffizienten k von Einbauteilen für Viehmarkt-Therme, Trier

Bauteil 1	Baustoff	d m	g kg/m³	d*g kg/m²	λ W/m*K	Rλ m²*K/W	k W/(m²*K)
(zwei- 3 3 114 Aussenwand angeströmt Innenwand nicht angeströmt Raum B und C Wand in Bögen	Aussenputz (Kalkmörtel) Kalkbruch- lagig) Innenputz (Kalkmörtel)	0.03 1.14 0.03 1.20	1800 2380 1800	54 2190 54 2298	0.87 0.754 0.87	0.034 1.51 0.034 Ri=0.13 Ra=0.04 Ra=0.13 2.11 2.20	stein angeströmt nicht angest. 0.474 0.454

Bauteil 2	Baustoff	d m	g kg/m³	d*g kg/m²	λ W/m*K	Rλ m²*K/W	k W/(m²*K)
3 3 2.56 Aussenwand angeströmt Innenwand nicht angeströmt Raum B und C	Aussenputz (Kalkmörtel) Kalkbruch- stein (zwei- lagig) Innenputz (Kalkmörtel)	0.03 2.56 0.03 2.62	1800 2380 1800	54 6092 54 6200	0.87 0.754 0.87	0.034 3.395 0.034 Ri=0.13 Ra=0.04 Ra=0.13 3.503 3.593	 angeströmt nicht angest. 0.285 0.278

Berechnung des Wärmebedarfs. Datum: 9.1.99   Arbeitstag: 01.03.99
Blatt: TRformC2
Raumbezeichnung: Caldarium C im Westen   Seite 1
Raum Nr.: C Doppelseitige Gewölbekonstruktion aus Holz, mit zusätzlichem Ziegeldach

Norm-Innentemperatur: $T_i = 32°C$ Hauskenngröße: $H = \underline{0{,}72 * W * h * Pa^{2/3} / m^{3} * K}$
Normaussentemperatur: $T_a = 1{,}4 °C$
Raumvolumen: $V_R = 2926 \, m^3$ Querschnitt d. Tubuli $F_t = 1{,}25 \, m^2$
Hypokaustvolumen: $V_H = 452 \, m^3$ Tubulivolumen: $V_t = 7{,}2 \, m^3$
$V_R = b*h*l$ Anzahl d. Innentüren: $n_r = 3$
Gesamtraum- Höhe über Erdboden: $h = \quad m$
Umschließungsfläche: $A_{ges} = 957 \, m^2$ Höhenkorrekturfaktor: $e_{sa} =$
$A_{ges} = 2*(b*h + h*l + b*l)$ (angeströmt)

Warmwasserbecken:
Lage: Ost   West   Höhenkorrekturfaktor: $e_{sn} =$
Anzahl: (nichtangeströmt)
Temperatur: 38° K Höhenkorrekturfaktor: $e_{ga} =$
Inhalt: 25 m³ (nichtangeströmt)

1	2	3	4	5	6	7	8	9	10	11	12	13	14	15	16	17	18
Kurzbezeichnung	Himmelsrichtung	Anzahl	Breite	Höhe, bzw. Länge	Fläche	Fläche abziehen ?	In Rechnung gestellte Fläche	Norm-Wärme Durchgangs Koeffizient	Temperaturdifferenz	Transmissionswärmebedarf des Bauteils	Anzahl waagerechter Fugen	Anzahl senkrechter Fugen	Fugenlänge	Fugendurchlässigkeit	Durchlässigkeit des Bauteils	An -oder Nichtangeströmt	Flächenleistung
-	-	n	b	h	A	-	A'	K_N	Δ	Q_T	n_w	n_s	L	a	$a*L$	-	M
-	-	-	m	m	m²	-	m²	$\frac{W}{m^2 * K}$	K	W	-	-	m	$\frac{m^2}{m*h*Pa^{2/3}}$	$\frac{m^2}{h*Pa^{2/3}}$	-	$\frac{W}{m^2}$
IT	N	2	1.5	2.5	3.75	---	7.5	2.5	21.3	399						n	M 5
IT	O	1	1.5	2.5	3.75	---	3.75	2.5	6	56						n	M 10
AF	N	3	1.5	2.0	3.0	---	9.0	2.5	30.6	688							M 3
AF	S	6	1.5	2.0	3.0	---	18.0	2.5	30.6	1377							M 3
AW	W	1	3.7	6.15	22.8	---	22.8	1.126	30.6	786							M 3
AW	W	1	20.0	6.5	130	68.3	61.7	0.60	30.6	1132							M 3
AW	N	1	r=6.15		59.4	12	47.4	0.948	30.6	1375							M 3
AW	N	1	8.8	7.0	61.5	7.5	77	0.948	21.3	1556							M 5
AW	S	1	12.3	6.15	73.9	42	31.9	0.948	30.6	925							M 3
AW	S	1	12.3	6.15	59.4	24	35.4	0.948	30.6	1026							M 3
IW	O	1	3.7	6.15	18.8	3.75	52.9	1.115	6.0	354							M 10
IW	O	1	20.0	6.5	130	52.9	77.1	0.600	6.0	277							M 10
DE		1	17.9	20.5	367.4	----	367.4	1.448	27.2	14470							M 4

Transmissionswärmebedarf: 23733 W
Lüftungswärmebedarf: 4437 W
Raumwärmebedarf: 28170 W

M1 = 390 M2 = 290 M3 = 228 M4 = 532 M5 = 76 M6 = 191 M7 = 199 M8 = 37.8 M9 = 25 M10 = 114
M11 = 25

TRformC2   Seite 2   Arbeitstag: 01.03.99
            Datum: 9.1.99

Den Raum heizende Elemente: Fußboden und tubulierte Wände. Heizleistung Q_H

1	2	3	4	5	6	7	8	9	10	11		
-	-	n	b	h	A	-	A´	K_N	Δ	Q_T	Tx	M	Mx
-	-	-	m	m	m²	-	m²	$\frac{W}{m^2 \cdot K}$	K	W	K	$\frac{W}{k}$	
HY		1	12.3	20.5	252		252	1.155	53.4	15475		290	M 2
Tu	S	2	3.0	7.0	21		42	3.10	32.7	4251		130	M 1
Tu	W	2	3.5	6.0	21		42	3.10	32.7	4251		130	M 1
Tu	O	2	3.5	6.0	21		42	3.10	32.7	4251		130	M 1

Heizleistung Q_H = 28228 W

Zusätzliche Heizleistung des Heizsystems Q_Z

AW	S	2	3.0	7.0	21		42	0.60	55.0	1375		25	M 9
IW	O	2	3.5	6.0	26		26	0.982	39.7	1000		25.2	M 11
AW	W	2	3.5	6.0	21		42	0.899	63.3	2392		37.8	M 8
FB		1	12.3	21	258		258	0.74	34.4	6570		191	M 6
WB		1	(25*(38-10)*1.163*10³*0.2/24)+26.1* 32=							7619			

Zusatzheizleistung Q_Z = 18956 W

Lüftungs-Wärmebedarf bei 0,1 fachen Luftwechsel pro Stunde:
$Q_L = V_r * 0.34 * \Delta = 2926 * 0.34 * 0.2 * (32° - 9.7°) = 4437$ W

Normlüftungswärmebedarf Q_L = 4437 W
Normtransmissionswärmebedarf $Q_T = Q_H$ = 28170 W
Normwärmebedarf $Q_N = Q_T + Q_Z$ = 47126 W

Da die Dimensionen der Gebäudeteile nicht genau bekannt sind, wird auf die Berechnung der Windeinflüsse und der Fugendurchlässigkeit verzichtet. Die Berechnungen ergeben einen Schätzwert des Wärmeverhaltens der Gebäude.

Literatur

Brödner, E.: Einige Bemerkungen zur Heizung der Aula Palatina in Trier. *Germania* 34, 1956, 277-278.

Brödner, E.: *Die römischen Thermen und das antike Badewesen*. Darmstadt 1983.

Deutsche Industrienorm DIN 4701 von 03.1983.

Grassmann, H.-C.: Wirkungsweise und Energieverbrauch antiker römischer Thermen ermittelt mit modernen wärmetechnischen Methoden für die Großen Thermen in Weißenburg. *Jahrbuch des Römisch-Germanischen Zentralmuseums* Mainz 41, 1994, 297-321.

Grassmann, H.-C.: *Heizungstechnische Auswertung der Heizversuche vom Sommer 1993 und Winter 1993/94 in den rekonstruierten Herbergs-Thermen in Xanten*. Unveröffentlicht.

Grassmann, H.-C.: *Heizungstechnische Untersuchungen der Viehmarktthermen Trier*. Unveröffentlicht.

H. Hüser, H.: Wärmetechnische Messungen an einer Hypokaustanlage in der Saalburg. *Saalburg Jahrbuch* 36, 1979, 12-30.

Ihle, C.: *Lüftung und Luftheizung. Der Heizungsingenieur*, Band 3, Werner-Verlag, Düsseldorf 1991.

Ihle, C.: *Klimatechnik mit Kältetechnik. Der Heizungsingenieur*, Band 4, Dritte Auflage, Werner-Verlag, Düsseldorf 1996.

Jonas, A. & Görtler, F.: Heizen mit Holz. Landwirtschaftskammer Ober-Österreich, Linz, 2.Auflage 1989.

Kretschmer, F.: Hypokausten. *Saalburg Jahrbuch* 12, 1953, 7-41.

Kretschmer, F.: Die Heizung der Aula Palatina in Trier. *Germania* 33, 1955, 200-210.

Rieche, A. & Rook, T.: Fuel Trials in Xanten. Balnearia Vol. 1, Issue 2, Dec. 1993, 3-6.

Rook, T.: The Development and Operation of Hypokausted Baths. *Journal of Archaeological Science* 5, 1975, 269-282.

Vitruvius: *De architectura libri decem*. Herausgegeben und übersetzt von C. Fensterbusch, Darmstadt 1964.

www.ingramcontent.com/pod-product-compliance
Lightning Source LLC
Chambersburg PA
CBHW041709290426
44108CB00027B/2909